CW01636489

Petite philosophie de l'improvisation

© Éditions des Équateurs/Humensis
– Mister Ibé, 2021.

Toute reproduction d'un extrait quelconque de ce livre, par quelque procédé que ce soit, et notamment par photocopie ou par microfilm, est interdite sans autorisation écrite de l'éditeur.

Ibrahim Maalouf
Jeanne Pham Tran

Petite philosophie de l'improvisation

Sommaire

L'improvisation pour mieux vivre ensemble

À mes enfants Lily et Nael,
à tous mes anciens et futurs élèves,
à ma grand-mère Odette.

Introduction

J'écris ce livre à un moment de ma vie où je deviens père d'un deuxième enfant, Nael, né quatre mois presque jour pour jour après le décès de ma grand-mère Odette. Cela me rappelle qu'à ma naissance déjà, à Beyrouth, en 1980, s'était produite une passation similaire : mon grand-père Rushdi venait de mourir d'une crise cardiaque à 64 ans alors que ma mère allait accoucher de moi quelques semaines plus tard.

Nos vies sont pleines de surprises, d'imprévus. Et puis il y a cette rencontre improbable de la vie et de la mort, de la fin et du début qui me fascine. Deux existences sont reliées par la même temporalité et de ce fait semblent se prolonger l'une l'autre, dans un cycle qui relie l'humain au passé et au futur. Un cycle éternel, semble-t-il, mais qu'il est impossible de programmer. Aucune science, aucune technologie ne peut véritablement connaître cet enchaînement de cycles. C'est une gigantesque improvisation.

Improviser, du latin *improvisus*: « ne pas » (*in-* négatif) « prévoir, voir en avant, voir en avance » (*providere*) est une action que nous faisons tous les jours, machinalement.

Odette, 99 ans, qu'on appelait « Téta » (« Mamie » en libanais), vivait chez moi depuis presque trois ans et s'est trouvée très affaiblie physiquement les derniers jours. Ce qui ne l'empêchait pas de parler beaucoup, de donner son avis sur tout et de rester très joueuse et extrêmement vive d'esprit. Elle se souvenait des prénoms, des âges et des dates de naissance de tous les membres de sa famille, petites-nièces et petits-neveux, arrière-petites-cousines et cousins. Elle détestait la condescendance ou la facilité, ne manquait pas d'humour et d'autodérision. Elle ne supportait pas qu'on s'apitoie sur soi, ni sur elle.

Souvent, nous nous amusions à deviner les différentes capitales du monde. Grande voyageuse, elle en avait visité un certain nombre et s'en souvenait bien. Malgré quelques oublis ponctuels, j'étais impressionné par sa mémoire. La dernière fois que nous avons joué, en février 2020, je lui ai demandé pour la provoquer affectueusement : « Téta, est-ce que tu considères que tu es une femme intelligente ? » Elle m'a observé en silence pendant quelques secondes. Je l'ai laissée réfléchir. Alors, cette femme qui avait traversé trois guerres, trois exils, avait perdu son mari et l'une de ses filles beaucoup trop tôt, m'a répondu ces mots qui résonnent si fortement en moi aujourd'hui, au moment d'écrire ce livre: « Moi, je m'adapte. »

Deux heures plus tard, elle nous avait quittés.

Si j'ai souhaité me lancer dans l'écriture de cet ouvrage, c'est en grande partie parce que l'improvisation est devenue un véritable mode de vie pour moi. Une pratique et une philosophie que j'applique au sein de mes projets pédagogiques, des concerts d'improvisation, dans mon engagement quotidien pour la réintégration de cette discipline dans les conservatoires de musique. Il n'en demeure pas moins qu'il n'existe pas de diplôme d'« improvisateur ». De la même façon que vous qui lisez ce livre ou que monsieur Jourdain qui faisait de la prose sans en être conscient, nous improvisons tous, chacun à notre manière. Ma seule particularité est d'en avoir pris conscience petit à petit, d'avoir pratiqué et enseigné cette matière avec passion depuis plus de trois décennies. La composition musicale, ma double culture – libanaise et française – et le fait d'être né dans un pays en guerre, puis l'exil, le voyage, ont peut-être joué un rôle dans cette inclination. Plus généralement, toutes les rencontres magnifiques que je fais dans ma vie participent, je crois, à cette réflexion.

Aussi, j'aimerais que ce livre nous aide à définir, redéfinir, expliquer, construire, enrichir, déployer, agrandir le concept d'improvisation. Pour cela, nous considérerons l'improvisation à la fois d'un point de vue musical – parce que c'est le domaine qui m'est le plus familier, et ce fut sans doute pour moi une porte d'entrée –, mais aussi d'un point de vue plus philosophique et social.

J'aimerais contribuer à mettre en évidence les bénéfices que nous pouvons tirer du développement actif de cette pratique dans notre société et, en particulier, dans notre parcours scolaire, pédagogique, musical. Puis, au-delà, je crois pertinent d'envisager l'improvisation comme une philosophie, une thérapie, une façon de réapprendre à vivre ensemble. C'est ce voyage que je vous propose d'accomplir avec moi.

I

L'improvisation comme libération

I

Retour à l'enfance et à la nature

Enfant, et certainement avant ma naissance, dans le ventre de ma mère, la musique m'a accompagné. Mes deux parents étant musiciens professionnels – mon père à la trompette, ma mère au piano –, la musique était partout, tout le temps. Dans la voiture, à la maison, en voyage, dans la rue, sur le chemin de l'école, avant de dormir, le matin au réveil, en me brossant les dents… Et quand mes parents ne jouaient pas eux-mêmes, la chaîne hi-fi et le lecteur vinyle du salon oscillaient entre musiques grecques, chants sud-américains, musiques byzantine, égyptienne, libanaise, opéras italiens, mélodies napolitaines et concertos classiques…

La légende familiale raconte qu'à la crèche les assistantes maternelles s'étaient réjouies de m'entendre gazouiller et chantonner le premier jour. Mais mes babillages incessants m'ont pratiquement fait exclure de l'établissement ! Je réveillais les autres enfants avec mes vocalises improvisées de bambin. Un peu plus tard, l'oreille collée aux portes du conservatoire où enseignaient mes parents, j'écoutais les cours de piano, de batterie ou de saxophone. Avec une attirance particulière pour les percussions. Le son du marimba me transportait. Notre quotidien était ainsi rythmé par ces instruments venus des quatre coins du monde. À 5 ans, ma sœur et moi connaissions par cœur les « tubes » de la musique classique, interprétés par les élèves du conservatoire. La *Petite Musique de nuit* de Mozart n'avait plus aucun secret pour nous. Nous chantions à tue-tête tout le répertoire joué lors des auditions et concerts.

Par nostalgie sans doute de son pays et de son enfance, mon père nous psalmodiait des chants arabes, byzantins, syriaques, grecs, religieux, des chansons folkloriques ou traditionnelles, les classiques d'Oum Kalthoum, Feiruz, Abdel Wahab ou Souad Mohamed. Il m'apprenait même à chanter à la manière des muezzins, car il trouvait que ceux-ci respectaient particulièrement bien le *tarab*. Dans la musique arabe, le *tarab* est une forme typique basée sur la capacité d'un improvisateur à toucher le cœur de l'auditeur, notamment à travers l'art des *maqâms* – les gammes à travers lesquelles on voyage d'émotion en émotion. D'après lui, quand bien même nous n'étions pas de culture musulmane, l'appel à la prière du muezzin était l'une des nombreuses facettes de notre identité arabe. Lui-même chantait à l'église de notre village les psaumes en latin, grec, araméen ou arabe, et y insérait les modes à quarts de ton que beaucoup de chrétiens orientaux préfèrent omettre afin d'harmoniser leurs chants à la façon occidentale pour se rapprocher des chorales européennes. Il me confiait ainsi son sentiment : « Tu vois, c'est comme ça que tout le monde devrait les chanter dans les églises du Liban, mais ils ne veulent pas qu'on dise d'eux qu'ils sont arabes, alors ils harmonisent à l'occidentale. » La musique était sa raison de vivre. Son identité, sa culture, ce qu'il voulait nous transmettre avant tout autre chose. C'est elle qui lui avait permis de sortir de la misère à l'adolescence, de l'exil à 24 ans, de l'indifférence sociale ensuite. Il a bâti sa vie entière sur les espoirs que lui offrait son seul instrument : la trompette. Ce n'était pas seulement un plaisir, une passion, une distraction, ni même une façon de gagner sa vie. La musique était sa respiration, son souffle.

Ma mère venait quant à elle d'une famille très cultivée et formée à la musique depuis des générations. Elle jouait du piano à 8 ans et impressionnait son entourage par son aisance. À 19 ans, elle a épousé mon père, de 17 ans son aîné, et se destinait à faire des études de médecine. L'exil l'a poussée à changer de voie : elle a ainsi décidé de se former au piano à l'École normale de Paris. Son piano trônait dans le salon de la maison où nous habitions, à Étampes, dans l'Essonne. Chopin, Schumann, Liszt et toute la musique romantique s'échappaient de cet instrument imposant : un piano droit, couleur bronze, que je regardais avec un mélange de timidité et d'immense curiosité. Les yeux rivés sur les doigts de ma mère, je me demandais comment elle arrivait à les synchroniser à une telle vitesse. Et lorsque personne ne me regardait, je posais à mon tour les doigts sur les touches blanches, et parfois, plus téméraire, sur les noires.

Au fur et à mesure, j'ai créé de petites mélodies, puis des harmonies. Lorsque je fus assez grand pour m'asseoir sur le siège, je me suis mis à utiliser mes dix doigts. N'ayant suivi aucun enseignement, je les laissais courir sur le clavier. Je faisais à vrai dire un peu n'importe quoi. Cela devait ressembler à mes gazouillis d'enfant à la crèche... J'attendais toujours qu'il n'y ait personne dans la pièce pour jouer, par timidité ou peut-être par pudeur. De temps en temps, ma mère, ou ma grande sœur Layla, qui prenait des cours de piano au conservatoire, passaient leur tête à travers la porte et, avec beaucoup de bienveillance, me montraient un ou deux accords, puis repartaient, l'air de rien. Parfois, avec Layla, nous faisions des duos en reprenant les génériques d'émissions ou de séries télévisées. Nous les jouions à l'oreille, sans partition. Ma sœur et ma mère ont été mes bonnes fées. D'un côté, les entendre jouer éveillait mon désir de les imiter ; de l'autre, elles me laissaient libre de pianoter ce que je voulais.

J'ai joué comme cela de mes 5, 6 ans jusqu'à mes 13, 14 ans, sans partition, sans cours, contrairement à ma sœur que je voyais souffrir pendant ses leçons de piano, alors qu'elle adorait cet instrument. J'improvisais à l'oreille. Personne ne corrigeait la position de mes doigts sur le clavier, l'arrondi de la main, si bien qu'aujourd'hui encore, lorsque je joue du piano, je n'ai pas les doigts arrondis comme ils devraient l'être en théorie. Ma mère estimait que les leçons de trompette quotidiennes que je recevais déjà depuis l'âge de 7 ans étaient suffisantes. Aussi, cette liberté à laquelle je goûtais au piano compensait l'enseignement extrêmement rigoureux de mon père. Le piano est devenu mon espace de jeu, tandis que la trompette était pour moi un outil de perfectionnement artistique et de virtuosité. Au piano, je passais mon temps à me tromper, à chercher, à essayer, à tâtonner, à suivre mon instinct, à explorer des harmonies que je trouvais agréables. Un enfant qui improvise sur un instrument cherche surtout à produire des accords qui sonnent bien ensemble, des sons, des mélodies qui le touchent, des rythmes qui le font vibrer, une pulsation qui fait danser son corps et son cœur.

Lorsqu'on ne maîtrise pas un instrument de musique, chaque note ressemble à une aventure ! Chaque idée peut déboucher sur une infinité d'autres. Il n'y a pas de chemin écrit, aucun son prédéfini. Celui qui cherche choisit son chemin. Seul le hasard gouverne. L'imprévu devient la norme. Le chercheur encore novice hésite, tâtonne. Il avance cahin-caha sur un chemin qu'il trace lui-même le long de tous ces imprévus. Un chemin se dessine sous ses yeux au fur et à mesure qu'il met un pied devant l'autre, sans aucun itinéraire préalable. L'improvisateur procède exactement de la même façon, « à sauts et à gambades », pour reprendre une expression de Montaigne, lui qui préférait une pensée libre, désordonnée, diverse, voire bigarrée, à une pensée trop didactique.

Aussitôt qu'il sort du ventre de sa mère, l'enfant improvise. Pour respirer, se mouvoir, communiquer. Tout au long de son évolution, il cherche de nouveaux moyens de s'exprimer, de partager une émotion, de jouer, d'entrer en contact avec autrui, de faire du bruit, peut-être de la musique. Il balbutie, gigote, chantonne, se trémousse, invente des sons, des babils, des cris, des grimaces, des mots, des histoires. Il improvise déjà des rythmes, des mélodies avec sa bouche, sa langue, sa voix, ses mains, ses pieds contre le mur, ou la cuillère sur la table. Il se laisse porter par ses sensations, son intuition, son imagination. Il n'est pas encore bridé par le regard des autres, la bienséance, la pudeur, les codes sociaux ou esthétiques. Il n'est pas encore empêché par la peur de l'échec, l'ennui, le risque, la contrainte.

Dès l'enfance, improviser, c'est oser. Faire preuve d'audace, de courage, prendre possession de tout l'espace des possibles, tenter et expérimenter en permanence. Les enfants ont beaucoup à nous apporter grâce à leur rapport brut, ouvert au monde, leur liberté totale et leur intense créativité. J'ai eu cette chance incroyable d'avoir des parents qui ont su être à l'écoute de cette recherche. Sans doute, leurs propres parcours les ont poussés à ne pas systématiquement sanctionner mes doutes, à ne pas chercher à automatiser mes gestes, à me laisser découvrir par moi-même. Mon père parce qu'il ne connaissait rien au piano. Et ma mère parce qu'elle n'a pas souhaité m'imposer la même rigueur que mon père à la trompette.

On peut être agacé en tant qu'adulte par les petits bruits que font les enfants, mais il est intéressant de s'y montrer attentif. Petits déjà, leurs premiers refrains sont stupéfiants d'inventivité, d'amplitude vocale, de souplesse et d'assurance. D'ailleurs, récemment, il m'est venu à l'idée d'en faire des créations musicales. J'enregistre des bébés en train de gazouiller, des enfants de 1 à 5 ans qui ne savent jouer ni du piano ni des percussions. Ensuite, je compose et mixe toute une œuvre qui entre en résonance avec les sons produits par l'enfant. Le résultat est saisissant : on a l'impression qu'ils ont joué ensemble – l'enfant et le musicien – une partition extrêmement complexe.

Avec le recul aujourd'hui, je devine aussi mon inclination depuis la crèche pour le chant. Mes parents venaient d'arriver en France et ne parlaient qu'arabe à la maison, leur objectif étant de retourner vivre au Liban dès que la guerre serait terminée. Je ne comprenais pas encore le français. Alors je chantonnais. Sans doute un moyen pour communiquer ou me sentir moins seul. Plus tard, à l'école, je parlais toujours très mal le français et jouais seul en fredonnant dans la cour de récréation. Chanter était alors un refuge, une distraction, une consolation, un remède à l'ennui et à la solitude. J'inventais des mélodies, dénuées de sens, de rythme précis, de logique, simplement guidé par l'apaisement que cela produisait en moi. J'improvisais sans le savoir. Aujourd'hui encore, il m'arrive de chantonner pour retourner dans cette bulle apaisante. Comme un réflexe, une habitude, une compagnie rassurante. C'est ainsi que je compose toutes mes musiques.

Dans cette perspective, l'improvisation est une forme de retour à l'enfance, à un univers plus libre et plus curieux, moins contraint. J'ai d'ailleurs le sentiment que nombre de scientifiques, d'artistes, de chercheurs ont conservé en eux cette part d'enfance, d'innocence peut-être, cette part de liberté d'esprit qui encourage à créer, à améliorer l'environnement dans lequel ils vivent, l'espace de quelques secondes, minutes ou parfois plus.

L'improvisation est aussi un retour au rythme de la Nature. Si on l'écoute attentivement, elle nous apporte une forme de pulsation qui varie le jour ou la nuit. Les sons qu'elle produit sont différents selon les heures. Les oiseaux sont certainement les premiers êtres vivants à mélodier leur langage. Nous, humains, n'avons fait que les imiter. Les criquets et les grillons génèrent aussi une cadence. Plus généralement, tous les animaux produisent des sons que nous sommes parfois capables de reproduire et qui sont autant d'expressions assimilables à des notes musicales ou rythmiques. Le cycle de la Nature, les jours, les saisons sont autant de pulsations plus ou moins longues, le cycle ultime étant celui de la vie et de la mort.

Pythagore était persuadé que la Nature était intégralement régie par les rapports des nombres. Il a ainsi cherché à calculer les fréquences sonores provoquées par des marteaux frappés sur une enclume dans une forge, et s'est aperçu que le son variait selon les masses des marteaux. La perception simultanée de plusieurs sons peut donner l'impression que certaines notes sont harmonieuses à nos oreilles et d'autres moins. C'est ainsi que le mathématicien est devenu musicologue. Les astronomes eux se sont intéressés à la rotation des planètes sur elles-mêmes et autour de la Terre. Aux récurrences du ciel. Nombre de leurs calculs étaient instinctifs, corroborés parfois par l'expérience. Ils ont ainsi fait apparaître des cycles, des mouvements périodiques à l'échelle de l'univers.

L'improvisateur tend à retrouver cette symphonie première, primaire, universelle. Il laisse parler la Nature à travers son instrument en reproduisant, transformant, modulant, articulant, arrangeant ses sons. Le ressac de la mer, le souffle du vent dans les feuilles, les cris des animaux et les chants des oiseaux, tous ces sons nous parviennent sous forme de vibrations, du pavillon de l'oreille jusqu'au conduit auditif et au tympan. Celles-ci sont transmises à l'oreille moyenne où elles sont amplifiées par le marteau, l'enclume et l'étrier pour être ensuite transférées à l'oreille interne. Le corps, les muscles, les os reçoivent des vibrations aussi. Notre peau est aussi une oreille attentive à toutes les vibrations du monde. L'harmonie, le rythme, la pulsation, la mélodie, les cycles, préexistent dans la Nature. Nous les ressentons, nous les réutilisons, nous les imitons, nous les réinterprétons, nous les transformons. Nous y sommes particulièrement sensibles parce que réside en nous le tempo absolu : le battement de notre cœur qui rythme à la fois notre corps, notre esprit, nos vies, notre rapport aux autres, au Vivant. Une sorte de mesure interne, dénominateur commun à tous les êtres.

Enfant, j'adorais imiter les oiseaux en sifflant. J'observais leur façon si harmonieuse de se rejoindre dans le ciel pour former une chorégraphie sublime, sans l'avoir élaborée préalablement. Comment font-ils ? Nous autres, êtres humains, même en répétant des dizaines de fois et en ayant le secours du langage, ne parvenons pas à une telle synchronicité. Eux, simples oiseaux, sont tous synchronisés au millimètre près. J'observais comment d'un chat à un autre le miaulement n'est pas toujours posé sur la même octave. Comment le trot d'un cheval est systématiquement similaire, mais avec des variantes au milieu qui créent des décompositions rythmiques étonnantes. J'étais très sensible aux langues étrangères. Je comparais les musiques folkloriques aux langues correspondantes : je découvrais des parallèles sublimes entre rythmes, intonations et accents toniques. On comprend ainsi pourquoi les musiques françaises et anglo-saxonnes sont si différentes dans leurs mélodies. Les accents toniques se trouvent le plus souvent sur les dernières syllabes des mots en français, alors qu'en anglais, la plupart du temps, l'accent tonique se place sur la première. Cela explique d'ailleurs qu'une chanson américaine ou anglaise sonne beaucoup moins bien lorsqu'elle est traduite en français. Et inversement. En analysant ainsi les langues, les sons, les animaux, on saisit beaucoup de choses sur la construction musicale d'une culture.

Quand nous tâtonnons au cours d'une improvisation musicale, nous cherchons cette pulsation commune, ce rythme qui nous relie et offre une signification à nos vies. Ce tempo nous rapproche de ce qu'il y a de musical, de cyclique et d'harmonique dans la nature. Et en nous. Qu'y a-t-il de plus fédérateur que le rythme ? L'improvisation musicale est un processus au cours duquel on laisse le corps, l'instinct, le naturel, le souffle, les doigts, reprendre le dessus sur l'intellect, l'espace d'une recherche, pour ensuite apprendre à mettre l'intellect au service de la Nature.

Au cours de son développement, l'enfant cherche à s'accorder au monde. Il ajuste son rythme à ses possibilités, trouve sa cadence, sa respiration. Il est encore dans cette union prodigieuse du corps et de l'esprit. Parfois à contretemps, parfois de manière syncopée. Cette quête est aussi une façon de se positionner par rapport aux autres. Au fil de sa croissance, outre le rythme dicté par ses besoins vitaux, l'enfant s'attache à des sons. Il commence à construire des souvenirs, des histoires associées à des mélodies. C'est pourquoi il me paraît essentiel de lui apprendre le langage musical très tôt, afin qu'il l'assimile aussi vite et facilement qu'une langue maternelle. Qu'il apprivoise la pulsation, l'harmonie, la mélodie et les partage.

Improviser ensemble des mélodies, c'est créer des histoires, des destins et des souvenirs communs.

Improviser ensemble des harmonies, c'est créer des environnements dans lesquels nous pourrions évoluer.

Improviser ensemble des rythmes, c'est se relier par le point le plus fondamental : nos cœurs.

2

L'inspiration : dialogue entre corps et esprit

On oublie trop souvent combien jouer de la musique et improviser sont des activités intellectuelles et artistiques, mais également hautement physiques. Le cœur, et donc la respiration, étant le lien fondamental. On devrait apprendre aux musiciens à respirer, à danser au rythme de ce qu'ils jouent, à prendre conscience de leur corps, à sourire aussi. La souplesse du corps entraîne celle de l'esprit. Le rythme du corps accompagne le souffle. Les yogis le savent depuis longtemps : le corps et l'esprit sont complémentaires et fonctionnent de concert. Respirer comprend deux actions : l'inspire et l'expire, essentielles à l'improvisation.

Inspirer signifie aussi se nourrir, s'enrichir intellectuellement, émotionnellement, ouvrir son esprit à d'autres arts et disciplines que la musique. Pour créer, il est nécessaire d'enrichir cette matière première. D'ailleurs, on parle d'inspiration pour décrire ce mouvement intérieur qui engendre la création, l'action. Inspirer, c'est aussi se préparer. Cela peut paraître contradictoire avec l'idée même d'improvisation. Celle-ci est par définition imprévue, au sens où elle n'est pas préparée de toutes pièces, elle n'est pas répétée, pas écrite, pas même pensée en amont, cependant un travail de préparation global préexiste : les acquis, les émotions, la culture, la sensibilité, la technique... Une improvisation qui ne serait le fruit d'aucun langage spécifique, d'aucune culture assimilée, d'aucun code appris précédemment, me semble difficile à envisager sur le long terme. Pour avoir une démarche constructive d'improvisation, et qui plus est dans le domaine de l'art, j'ai la conviction qu'il est nécessaire au préalable de se nourrir un minimum afin de donner un sens moins primaire à son travail.

Reprenons l'exemple de mes balbutiements au piano : je suis un enfant, je n'ai aucune technique, aucun savoir, aucune culture, mes tentatives ont beau être inventives et encourageantes pour mon âge, je ne serais pas allé bien loin si je n'avais pas suivi des cours de trompette – de musique, plus généralement. Sans une pratique collective, sans un minimum de technique, de savoir, de culture générale, il ne me paraît pas raisonnable de considérer que toute improvisation puisse avoir une quelconque valeur artistique autre que par la démarche en elle-même. Ce qui n'est déjà pas mal, convenons-en.

Une fois que l'on a inspiré – des idées, des émotions, des techniques –, il ne faut pas oublier d'expirer, c'est-à-dire d'évacuer du gaz carbonique. Plus largement, l'expiration permet d'expulser les tensions, les émotions négatives, d'apaiser le système nerveux, d'alléger ce qui nous pèse sur le cœur, de purifier le sang. Sans cette respiration de l'âme et de l'esprit, je n'arriverais pas à créer sereinement. Dans le prolongement de cette respiration originelle, l'improvisation est pour moi une forme de respiration au sein de mon travail. Comme si cela insufflait à mes autres activités une coloration, un rythme différent. L'expiration est donc le processus d'expression de ce que nous avons à l'intérieur de nous. Encore faut-il savoir ou pouvoir expirer.

On respire naturellement. Il en va de même avec l'improvisation. Pourtant, aussi absurde que cela paraisse, nous oublions trop souvent de bien respirer. Le stress, la passion, la peur, l'envie, la pression sociale, et tant d'autres raisons peuvent nous dissocier, nous éloigner de notre corps. Il existe alors des techniques d'apprentissage ou de rééducation à la respiration, le yoga, la méditation ou la sophrologie par exemple. De la même façon, l'improvisation, considérée comme un acquis, est la plupart du temps écartée de nos apprentissages. Or combien d'adultes se retrouvent plongés brutalement dans des situations de crise, ou doivent faire face à des difficultés qu'ils n'avaient pas prévues, et se sentent totalement démunis, impuissants ! C'est pourquoi il est si urgent de réapprendre à improviser.

Quand je suis chez moi et que j'improvise seul, je ne fais rien d'autre que respirer, finalement. J'inspire, je m'abreuve de ce qui attire ma curiosité, mes sens sont en éveil, je me rends entièrement disponible à tout ce qui advient. Et puis je transforme, je fais passer cette énergie, ce souffle dans un long trajet à l'intérieur de moi, j'alimente mon organisme. Et enfin, j'expire, je me libère. C'est une expression totale. J'ai appris avec le temps à maîtriser cette libération en organisant mon expression « en direct », c'est-à-dire précisément au moment où j'expire. À ne pas exprimer trop vite et en même temps toutes mes émotions, tout ce que j'ai sur le cœur et dans la tête, tout ce qui m'inquiète et me passionne. Ce serait une bouillie indigeste, les mots se bousculeraient, mon propos deviendrait chaotique et plus rien ne serait audible. L'expression, même totalement libre, doit être structurée et élucidée : mettre en avant telle ou telle image, colorer tel ou tel passage, être exigeant, original, innovant tout en prenant soin – parce que c'est, en définitive, l'objectif principal – d'être compris de tous.

Quand je suis allé pour la première fois tout seul à Beyrouth, j'avais à peine 13 ans. C'était en 1994. La ville avait été dévastée par quinze années de guerre civile et religieuse pendant que j'avais grandi en France. Nous allions au Liban chaque année, mais ne passions jamais par Beyrouth, ville trop dangereuse. Ce jour-là, j'avais des écouteurs vissés sur les oreilles et, dans mon walkman, une cassette de Led Zeppelin qui appartenait à ma grande sœur. En me baladant dans les ruines de cette ville encore meurtrie, m'est venue cette mélodie que j'ai appelée simplement *Beirut*.

Cette musique est à la fois un hommage à ceux qui ne sont plus là, à Led Zeppelin qui, plus tard, a eu une grande influence dans mes choix musicaux, et à ma ville natale ravagée par la haine et la folie des hommes. Mais je crois que cette musique est surtout le résultat d'un processus de libération, d'expulsion des émotions contradictoires qui m'ont traversé à ce moment-là. Je n'avais pas encore l'âge pour encaisser tout cela. J'étais submergé par quelque chose de plus grand que moi, de trop lourd à porter, et il fallait que je transforme cette douleur en une émotion forte, pas nécessairement joyeuse, mais positive.

Avec le recul, je peux assurer que l'improvisation a eu un rôle essentiel dans cette transformation. Je parle de transformation, parce que ce sont des émotions métamorphosées en mélodie, en harmonie et en rythme. Si je n'avais pas ressenti cette liberté créatrice me traverser, je n'aurais jamais osé expulser ce chant. Comme lorsque j'étais petit à l'école. Je n'avais pas le vocabulaire suffisant pour parler aux enfants de ma classe. Je me réfugiais instinctivement dans mon langage personnel. Face au chaos dont j'étais témoin, j'ai eu besoin de me protéger en m'isolant dans cette bulle, dans ce monde parallèle. Et il me semble important d'ajouter que je m'y suis autorisé, car je ne faisais pratiquement que cela depuis ma naissance.

Une mélodie est donc née, naturellement. Cette mélodie était posée sur une harmonie simple, une transe, une forme de méditation incantatoire. Un cri du cœur. L'harmonie s'est imposée d'elle-même. Elle était évidente, limpide. Le message clair. La souffrance visible. Les larmes sincères. L'inspiration et l'expiration nécessaires. Cette mélodie ne me quitte plus depuis. Cela fait presque trente ans que je l'interprète, et le souvenir est intact. Il n'y a plus de souffrance. Il y a le souvenir de la souffrance, la consolation de la répétition, le contraste entre la simplicité de la mélodie et l'émotion extrême à laquelle je l'associe. C'est l'improvisation qui m'a aidé ce jour-là précisément à libérer ma voix. La douleur du cœur a été ainsi sereinement expulsée.

La pratique de la musique, et plus spécifiquement de l'improvisation, développe notre capacité d'expression, de délivrance de nos émotions et notre souplesse d'esprit. C'est un puissant remède contre la raideur, l'engourdissement du cerveau, et par extension de tout le corps. Cette douleur du corps qui augmente avec l'âge. C'est une disposition de corps et d'esprit qui nous ouvre plutôt qu'elle nous ferme, qui nous rend actif plutôt que passif, qui nous stimule plutôt qu'elle nous engourdit.

L'improvisation musicale, si elle a une volonté artistique réelle, n'est pas uniquement un état de grâce, elle est aussi le résultat d'un travail, d'une culture, d'un bagage émotionnel qu'on porte en soi…

Improviser, c'est donc à la fois inspirer (se nourrir, s'inspirer, s'ouvrir) et expirer (évacuer, s'exprimer, créer) ; muscler son corps (les cordes vocales, les doigts, les lèvres, le dos, la nuque…) et son esprit (se cultiver, chercher des idées et des mélodies nouvelles, développer sa technique, travailler ses gammes, entraîner sa mémoire, analyser…). L'élément catalyseur de la respiration et de la musculation est la souplesse. C'est exactement comme dans la pratique d'un sport. Si on court, si on fait de la boxe, de la danse ou du surf, on doit apprendre à respirer, à se muscler et à travailler sa souplesse. S'il nous manque l'un de ces trois éléments, on risque de se blesser ou d'être empêché dans notre pratique. Ces trois phases sont dépendantes les unes des autres et essentielles, dans la vie comme dans l'art.

Voir mes parents évoluer dans le monde de l'enseignement, puis avoir enseigné pendant plus de vingt ans dans les établissements français, m'a permis de me rendre compte avec humilité que, en France, nous maîtrisons assez bien les aspects liés à ce que j'appelle l'inspiration et la musculation. En revanche, nous avons de véritables lacunes du côté de l'expiration, du lâcher-prise, de la libération des émotions, des idées, des intuitions. À l'école, je suffoquais de ne pas pouvoir expirer, évacuer tout ce que j'avais à dire. J'avais créé cet espace de liberté en partie à la maison, grâce au piano de ma mère. Aujourd'hui, je me rends compte de ma chance : sans cela, je serais devenu un petit « virtuose » de la trompette, engoncé dans son art, ses certitudes et son instrument, ou j'aurais abandonné toute forme d'expression artistique.

On naît libre mais, à mesure que l'on grandit, on l'est de moins en moins. Les adultes, les parents, les professeurs nous interdisent tel accord jugé peu harmonieux, telle attitude trop puérile, on nous enjoint de prononcer correctement tel mot, de faire moins de bruit, de chanter juste, de se tenir droit, de ne pas poser trop de questions… Nous sommes ainsi formatés. Je n'appelle pas au Grand Soir ni à la révolution, entendons-nous bien. Je suis parfaitement conscient que la plupart des codes nous sont nécessaires pour grandir et faire partie d'une société cohérente et fonctionnelle. Mais ces autocensures, ces formatages, aussi invisibles soient-ils, peuvent annihiler des velléités créatives. Pourquoi se priver de cette liberté pourtant si utile à notre développement intellectuel, physique et émotionnel, à notre sensibilité esthétique, culturelle et spirituelle ?

L'enjeu est donc de pousser l'enfant à grandir, de lui donner les clés, les codes, les ressources pour s'épanouir, sans oublier de lui laisser son espace de liberté. Que chacun puisse avoir son terrain de jeu, sa bulle dans laquelle créer, inventer, s'évader, faire n'importe quoi, sans borne, sans limite, sans cadre ni structure. Je me souviens qu'enfant ce que j'avais de plus précieux dans mon cartable étaient ces feuilles doubles de brouillon sur lesquelles j'écrivais, dessinais, inventais des mots en faisant des combinaisons. Par exemple, le verbe « montarcher » correspondait, dans mon imaginaire d'enfant, à la fusion des mots « marcher » et « montagne ». Je crois qu'il signifiait pour moi « marcher en montagne ». Ainsi je pouvais dire : « Avec mes amis, je montarche régulièrement. » Il n'y a rien d'absurde là-dedans, d'ailleurs. La langue française, comme toutes les langues du monde, assemble des mots pour en former de nouveaux.

J'échafaudais aussi des calculs improbables, je jouais avec les chiffres, inventais des suites logiques ou des algorithmes, cherchais tous les liens à établir avec le chiffre 3. Beaucoup plus tard, pour mes 33 ans, j'ai écrit une symphonie intitulée *Point 33* qui met en lumière cette fascination que j'ai pour les récurrences. J'avais besoin de cet espace parallèle : les feuilles vierges étaient mes « zones d'improvisation ». Cela ne retirait rien aux enseignements qui m'étaient dispensés par ailleurs. Au contraire, cela les stimulait.

Comment trouver cet équilibre entre l'acquisition des codes nécessaires à la vie en société et le développement de cette flamme créatrice, de cette capacité d'invention que nous partageons tous mais qui est trop souvent freinée au cours de notre éducation, de notre formation ? Le terme est éloquent, il s'agit de donner « forme » à notre corps et à notre esprit. Toutes les connaissances que nous accumulons depuis l'enfance seraient nettement plus intéressantes si nous n'avions pas peur de jouer avec, de les associer, de les déconstruire, de les réinventer. De laisser notre instinct divaguer, inventer des théorèmes, chercher des similarités entre les chiffres, les équations, apprendre à trouver des liens entre des éléments ou des personnes qui en apparence n'en auraient pas…

Certains professeurs proposent par exemple aux élèves d'inventer de la poésie. Et non pas seulement de réciter des poèmes appris par cœur. Pourquoi ne pas les encourager à composer leurs propres mots et à les définir ? Ce qu'ils font d'ailleurs avec l'argot, le verlan, les mots issus du métissage des langues, les expressions tirées des séries et des films qu'ils regardent… Pourquoi ne pas prendre en compte ces inventions linguistiques ? Faire un pas vers eux, c'est leur tendre la main pour qu'ils s'intéressent aux langues qui ont construit la leur. À mon époque, cela n'existait pas. Aujourd'hui, certains professeurs prennent ce genre d'initiative. En histoire, on pourrait imaginer ce que serait le monde si tel événement n'avait pas eu lieu, si tel personnage n'avait pas existé, ou s'il était apparu plus tôt ou plus tard. On pourrait inventer des pays, des villes, des frontières différentes de celles que l'on connaît…

Inventons, créons, improvisons. Et donnons-nous une chance d'établir un lien fort entre nos idées et l'environnement dans lequel nous évoluons. Nous ne sommes pas condamnés à vivre dans l'écosystème légué par nos prédécesseurs, ni à en subir les conséquences. En élaborant nous-mêmes les contours du monde dans lequel nous souhaitons vivre, nous et nos enfants, nous associons les idées aux actes. L'improvisation artistique, spirituelle, à notre corps. Nous nous réunissons, au sens premier du terme, nous rassemblons toutes les entités qui nous constituent. C'est ce que j'appelle « être bien dans ses baskets ». Être centré. Ancré. Savoir ce que l'on vaut, ce que l'on veut, et où l'on va.

Lorsque mon père jouait dans le salon de notre maison d'Étampes, j'entendais le son de la trompette à travers les murs de la maison. Le son était feutré, doux et mélodieux. C'est ce qui m'a fait aimer cet instrument. De loin. Je ne savais pas qu'en réalité mon père jouait très fort et que le son de sa trompette était particulièrement sonore et cuivré. Tout était filtré par les murs. Le jour où j'ai commencé à prendre des cours avec lui, j'ai été confronté à la réalité du son de ma trompette et je l'ai trouvé trop fort, trop imposant, trop direct. Ce qui m'a poussé à essayer de travestir mon son en cachette. Dans ma chambre, je mettais le pavillon de l'instrument sous la couette, pour obtenir un son plus sourd. J'avais l'impression de faire quelque chose d'interdit. Ce n'est que bien plus tard, en découvrant Miles Davis, Chet Baker, puis Don Cherry, Jon Hassell, Nils Petter Molvaer et bien d'autres, que j'ai compris la diversité des sons d'une trompette et l'importance d'accorder son corps, sa psyché, ce que l'on est au plus profond de soi au son de notre musique. J'avais donc le droit de jouer autrement. Cela ne m'empêchait pas d'écouter Dizzy Gillespie, Don Ellis, Louis Armstrong, Cat Anderson et tous ces trompettistes qui jouaient fort avec passion. Mais lorsque je jouais, je me reconnaissais davantage dans un son plus doux, tendre, chaleureux. J'avais besoin de sentir mon instrument murmurer. À l'inverse de ce qu'on m'enseignait.

Paradoxalement, je tenais dans les mains cet instrument hybride inventé par mon père dans les années 1960 et qui permet de jouer les quarts de ton, mais je ne réalisais pas alors à quel point cet instrument créait des ponts avec toutes les musiques du monde. Mon père avait eu le génie d'adapter la trompette – qui ne comptait que trois pistons – pour jouer les gammes chromatiques (tons et demi-tons). Ainsi, ma trompette à quarts de ton pouvait jouer des intervalles plus petits, des *maqâms*, les modes arabes. Je n'ai pris conscience que plus tard de l'intérêt de cette spécificité, une véritable richesse culturelle. J'avais dans les mains le seul instrument qui me permettrait un jour d'exprimer toutes mes identités.

Il n'y a rien de plus rassurant, surtout lorsqu'on est assez introverti, qu'une personne bienveillante qui nous encourage à être nous-mêmes. Plus jeune, et même si j'avais fait mes preuves dans le monde de la musique classique, je manquais terriblement de confiance en moi quand on m'invitait à jouer sur des chansons. J'avais dans les mains un instrument que je n'estimais pas encore à sa juste valeur, et un son qui ne s'était pas vraiment épanoui.

Ainsi, j'ai réalisé quelle place je pouvais m'autoriser à prendre grâce à des artistes qui ont eu confiance en moi. Ce sont eux qui m'ont aidé à me trouver, à trouver mon son, en m'invitant dans leurs chansons et en me disant : « Joue, fais ce que tu veux, improvise. » Ils m'ont offert une chance inouïe d'être moi-même.

Avec le temps, j'ai senti que j'étais légitime. Que ce son doux, qui me ressemblait plus, était ma voix. Que cette trompette magique qui transcendait toutes les musiques pouvait devenir mon instrument. Et c'est en grande partie grâce à ces artistes bienveillants et généreux que je me suis épanoui dans le reste de mon travail de musicien, de compositeur, de producteur, mais aussi dans ma vie privée. Ils m'ont aidé à reconnaître le prolongement de mon corps, le haut-parleur de mon âme.

3

Entre nécessité et liberté

Mes parents, et en particulier mon père, sans le savoir ni même le formuler, n'ont cessé d'improviser tout au long de leur vie. Je les prends souvent en exemple, pour l'aspect artistique de leur vie comme pour le reste.

Ma mère est une femme extraordinaire, la gentillesse incarnée. Elle assimile tout ce qui l'environne et s'y adapte avec délicatesse et bienveillance. Sans jamais être dans l'affrontement avec son interlocuteur, elle cherche toujours à discuter et pèse ses mots avec tact. Elle prend soin de ne pas blesser, se met toujours à la place de l'autre et l'écoute avec une attention rare. Elle n'a jamais d'idée préconçue. Elle construit son opinion en fonction de l'état dans lequel elle se trouve. L'inverse du dogme. Tout est possible, rien n'est acquis, rien n'est certain, et tout se construit et évolue. Elle m'a transmis cette philosophie.

Elle a grandi dans un monde idéalisé par son père, grand journaliste, poète, musicologue et peintre admiré dans son pays, qui a laissé en héritage de nombreuses œuvres, dont un poème dédié aux mères et interprété par la célèbre chanteuse Feiruz avec qui il était ami. Cet homme, mon grand-père Rushdi, a longtemps été menacé de mort pour ses idées. Un jour, un homme s'est introduit dans le bureau du journal pour lequel il travaillait à Beyrouth. Armé d'une lame de rasoir, l'agresseur fut immédiatement interpellé par les services de sécurité. Et on raconte que Rushdi aurait insisté pour que les policiers ne fassent pas de mal à celui qui aurait pu être son assassin. Cette histoire est restée ancrée dans la famille. Ma mère nous a éduqués avec ce respect de l'autre, même s'il est en désaccord avec nous.

Du côté de mon père, c'est une autre histoire. Durant son enfance dans les montagnes libanaises, il a connu l'improvisation au quotidien : il est né dans une famille d'entrepreneurs ayant fait faillite dans les années 1950 et devenus paysans du jour au lendemain. Privé de scolarité dès l'école primaire (en CM1, appelé huitième au Liban), il a dû, avec ses frères, aider son père à fabriquer du charbon de bois. Il ne sait alors ni lire ni écrire l'arabe correctement et se forme seul à la musique et au chant, en écoutant les chants byzantins de l'Église chrétienne d'Orient. Il découvre l'*oud* en autodidacte, vers l'âge de 9 ans, et se repère à l'oreille. À 22 ans, il trouve une trompette de fanfare abandonnée dans l'ancienne école de son village, et très vite la musique devient sa raison de vivre. En voulant suivre des cours de trompette au conservatoire de Beyrouth, il rencontre une jeune femme européenne dont il tombe amoureux et qui le pousse à partir étudier la trompette en France auprès de Maurice André. Ce dernier était à l'époque l'un des plus grands représentants de la musique classique à travers le monde. Abandonné par la jeune femme, mon père embarque pour Paris, contre l'avis de son propre père. Ce dernier, Assad, méprisait la décision de son fils : « Nassim va aller en France faire des études pour se spécialiser gitan. »

Sans un sou en poche, ne parlant pas d'autre langue que le dialecte libanais et ne maîtrisant aucun métier lui permettant de gagner sa vie, mon père, encore une fois, a improvisé… À Paris, après avoir enchaîné les petits boulots, il trouve une place de sacristain dans l'une des plus vieilles églises de Paris, Saint-Julien-le-Pauvre, une église melkite située non loin de Notre-Dame et de Saint-Michel. En échange de l'entretien des lieux, des chasubles, des cassolettes d'encens et des tabernacles, il est nourri et logé. Surtout, il peut s'exercer à la trompette et faire ses gammes autant qu'il le souhaite, jusqu'à ce que le fameux Maurice André l'accepte comme élève au Conservatoire national supérieur de musique de Paris. Un parcours semé d'embûches, d'incertitudes, de courage et de témérité. Mon père n'a suivi que très peu de cours avec d'autres professeurs avant d'entrer sur concours dans cet établissement prestigieux. Il s'est formé pratiquement seul, en suivant scrupuleusement la *Méthode Arban*, un excellent manuel d'apprentissage de la trompette. Nassim apprend tout seul le français, en plein Mai 68, pendant qu'au Liban la crise politique – qui donnera naissance quelques années plus tard à une guerre fratricide – commence à poindre. Il a quitté sa famille à une époque où ceux qui partaient du Liban pour se rendre aux États-Unis, en Europe ou au Brésil ne revenaient jamais. Son père lui en a toujours voulu d'être parti « lui aussi », comme certains de ses frères qu'il n'a plus revus. Assad est décédé quand Nassim était en France. L'un des plus grands regrets de mon père est de n'avoir jamais pu prouver à son père qu'il avait réussi son pari : devenir un musicien reconnu, un professeur de conservatoire en France, et fonder une famille.

Je ne sais pas si mon père aimerait que l'on puisse associer son parcours extraordinaire à une vaste improvisation. Peut-être trouverait-il le terme trop léger, trop réducteur. Il a pourtant eu l'immense faculté d'improviser sa vie, de trouver sa voie professionnelle, sa voix musicale, de chercher à contre-courant un chemin plus vrai, plus adapté à ses aspirations, d'aller au bout de ses idéaux, sans jamais renoncer face aux obstacles. Et surtout, de m'apprendre à en faire un outil pour construire ma vie. Un chemin construit sur la nécessité, mais qui peut se transformer en une géniale école de liberté.

Toute mon enfance, nous avons vécu dans l'angoisse de ce qui se passait au Liban et dans la culpabilité des émigrés. Du matin au soir, par la radio, la télévision, les journaux et le téléphone, nous avions des nouvelles de la guerre et de notre famille restée là-bas. Nous avions intégré ce sentiment d'exil, d'incertitude, d'« intranquillité ». Nous avions accepté de vivre en France avec la conscience d'avoir abandonné les nôtres au Liban. Même le jour de Noël, nous devions festoyer modestement parce que mon père considérait qu'au Liban les enfants n'avaient pas la chance de fêter Noël. En France, mon père s'est construit un rôle de guide très exigeant, trop parfois, souvent maladroit et envahissant. La culpabilité de l'exil l'obsédant, il ne savait pas où devait s'arrêter la discipline et l'école de la dureté. Celle qui, selon lui, « protège » contre l'adversité du monde.

Pour compenser cette enfance sombre et l'extrême fermeté de mon père, ma mère a tenté autant qu'elle le pouvait de nous couvrir littéralement d'amour, de chaleur, de douceur et de bienveillance constante, fiable et régulière. Et cela sauvait tout. Elle aussi improvisait son rôle de mère, de femme, et cela passait par l'amour, la simplicité des gestes connus, des valeurs solides, rassurantes, couplées à une très grande liberté d'esprit.

Tandis que nous suivions les tragédies que traversait le Liban, nous devions nous tenir prêts à revenir à tout moment dans notre village, situé à une heure de Beyrouth. Mon père entretenait l'espoir – ou le mythe – d'un retour prochain au pays, qu'il ne cessait de prévoir, puis de repousser. « Ne t'attache pas à ces murs, disait-il, ce ne sont pas les tiens. Dès que c'est fini, on rentre chez nous au Liban ! » Finalement, au moment où l'on aurait vraiment pu y retourner, en 1993-1994 – j'avais alors 13 ans –, mes parents ont renoncé. Ils nous ont posé la question à ma sœur et à moi. Nous avions construit notre vie en France, nos amis, notre scolarité, nous étions enfin épanouis et intégrés, mon père avait trouvé un métier stable. Rentrer au Liban à ce moment-là n'avait plus de sens. Beaucoup de membres de notre famille qui avaient également émigré en France ou ailleurs, pour les mêmes raisons que nous, sont repartis vivre au Liban à la fin de la guerre. Encore une fois, nous avons improvisé en restant là où nous étions. Improviser, ce n'est pas toujours partir. Cela peut aussi vouloir dire rebrousser chemin, ou demeurer. En France ou au Liban.

Chaque fois que je retourne au Liban aujourd'hui, je suis fasciné par la capacité de mes proches restés là-bas à s'improviser - électricien, plombier, maçon, menuisier ou architecte. La guerre les a contraints à ne compter que sur eux-mêmes, à se débrouiller en toutes circonstances. La crise que le pays traverse en ce moment les oblige à improviser à un point que nous ne pouvons pas imaginer. Comment pallier la pénurie d'essence et de nourriture ? Comment soigner ses enfants, ses proches, ses parents, lorsqu'ils tombent malades, parfois gravement, en l'absence de tous médicaments ? Comment construire un mur, reconstruire un toit, une évacuation d'eau, un système électrique ? Peut-on parler sans indécence d'une « habitude à improviser » chez les peuples vivant dans des pays aussi chaotiques ? Certes, les difficultés vous amènent à vous adapter, mais au Liban aujourd'hui, chaque jour est une révolution pour survivre. Parce qu'il n'y a pas d'autre choix possible. On recommence, on reconstruit, on se relève. La mort guette. La mort physique certes, mais aussi la mort intellectuelle, artistique. La mort émotionnelle. Alors on embrasse une forme de liberté avec une énergie solaire, celle de l'espoir. C'est une improvisation perpétuelle avec le réel, le quotidien, l'essentiel.

Le 5 novembre 1980, jour de ma naissance, les obus pleuvaient sur Beyrouth. Mon père était invité à la télévision française pour participer à une émission présentée par Jacques Chancel, *Le Grand Échiquier*. Il allait jouer et improviser pour la première fois publiquement avec sa trompette à quarts de ton tout nouvellement inventée. Ma mère, enceinte de moi, était restée seule avec ma grande sœur Layla au Liban, pour accompagner sa famille dans le deuil de son père Rushdi, mort trois mois plus tôt. Le Liban était en guerre depuis six ans déjà. Pendant l'accouchement, les obus tombaient un peu partout, et l'hôpital s'est fait bombarder. Pour y échapper, un cousin de ma mère est venu nous chercher à l'hôpital et nous a exfiltrés en voiture. Quand mon père a pu nous rejoindre au Liban et qu'il m'a enregistré auprès de l'état civil, il a été obligé de prétendre que j'étais né le 5 décembre

1980. Dès le commencement, ils ont composé avec les conditions extérieures…

Ce qu'a vécu le monde avec la pandémie de Covid-19 est du même ordre. Pour certains, l'improvisation a été un plan B, un choix par élimination, une alternative à ce qui fonctionnait « avant ». Pour d'autres, l'improvisation a été un processus d'adaptation, de simplification, de transformation, de création. Je ne crois pas qu'il faille considérer ce « bricolage » comme un échec. Au contraire, je crois que les « accidents » qui jalonnent notre vie doivent devenir des occasions de tout transformer. Nous connaissons l'expression « un mal pour un bien », il y a quelque chose de cet ordre dans l'improvisation. Une disposition d'esprit qui nous pousse à faire avec les ressources disponibles et à les combiner de manière innovante. Tout cela dans un temps record : la plupart du temps, s'il y a une nécessité à improviser, c'est qu'il y a urgence.

L'improvisation peut donc nous apprendre beaucoup sur la gestion de crise. Elle oscille et cherche son équilibre entre cet impératif ou nécessité qui nous guide de prime abord et cette liberté que l'on doit construire, élaborer, faire grandir. N'est-ce pas l'enjeu de toute une vie ? Ainsi, l'improvisation serait à la fois un réflexe spontané de survie, ou du moins de dépassement des difficultés, et un apprentissage, un chemin à tracer, à bâtir, pierre après pierre, pour gagner notre liberté. C'est donc un double mouvement. Un donné et un acquis. Une réaction et une action.

Trouver le juste milieu entre ces deux tendances n'est pas aisé. Et l'apprentissage de l'improvisation nous y aide grandement. On apprend à moins « subir » les événements de notre vie et à « agir » davantage pour orienter notre vie dans une direction heureuse. En effet, si l'on s'en tient à la première définition, improviser reviendrait uniquement à « réagir » aux aléas de la vie. En appliquant la seconde définition de l'improvisation, nous pourrions aussi apprendre à anticiper et nous serions ainsi acteurs de nos vies que plus que victimes des événements.

4

Apprendre à être libre et être libre d'apprendre

Pourquoi est-il urgent et nécessaire d'apprendre à improviser dans l'enseignement musical et la pratique artistique ? Un artiste a pour moi le devoir d'aspirer à la liberté, sous toutes ses formes. Il peut choisir d'obéir à ses réflexes et envies naturelles, voire à ceux des autres (chefs d'orchestre, compositeurs, etc.), mais il doit savoir aussi remettre en question, redéfinir, déconstruire et recomposer un propos qu'il avait intégré, ou qu'on lui avait enseigné et souvent imposé.

L'improvisation est une expression rigoureuse et libre à la fois. Pour rester un esprit libre, il faut demeurer vigilant, ne jamais rien prendre pour une vérité immuable, une certitude, un ordre établi. Laisser une place à la pluralité des approches et des regards. Sans aller jusqu'à vivre dans l'incertitude destructrice ou dans une sorte de remise en question permanente et obsessionnelle, on peut cultiver l'esprit critique, apprendre à faire preuve de discernement.

Savoir prendre de la distance tout en se sentant impliqué. Questionner et recréer le monde à partir de codes déjà acquis, mais aussi à partir de rien, d'inconnues, comme en mathématiques. Un exercice de recherche et d'humilité. C'est pourquoi je plaide pour valoriser l'apprentissage traditionnel, académique, théorique et méthodique autant que l'apprentissage de l'improvisation. Cela me semble être la condition *sine qua non* d'un apprentissage sain. Et cette authenticité ne peut exister sans liberté.

L'improvisation peut être individuelle ou collective. Ce sont deux exercices très différents et passionnants. Quand j'improvise en solo, chez moi, c'est comme si je me plaçais face à un miroir. L'exercice requiert une très grande honnêteté, une très grande humilité et un certain lâcher-prise pour libérer des notes, des émotions, parfois des anomalies, des sons inattendus. Il est nécessaire de se forger sa propre méthode pour improviser en solitaire. Celle-ci est le résultat de nos expérimentations, de notre sensibilité, de nos résistances intérieures.

Tentez de vous regarder quelques secondes dans un miroir en fixant vos propres yeux. Vous verrez qu'il n'est pas aisé de soutenir son propre regard, car il n'est pas si naturel d'accepter de se voir comme on est véritablement. Je ne parle pas ici de se regarder en photo ou en vidéo. Je parle de se voir tel qu'on est en direct, à un moment précis, synchronisé avec le moment où nous sommes regardés par nos propres yeux. Autrement dit, le sentiment d'être regardé par soi-même et de se voir, en même temps, n'est absolument pas naturel. D'abord, on se lance quelques secondes, puis on baisse les yeux. Progressivement, on s'habitue. Bientôt, on arrive à tenir plusieurs minutes, l'essentiel étant de rester naturel et authentique.

L'improvisation collective peut sembler plus accessible au premier abord, car on s'imagine entraîné par le groupe, on croit pouvoir se réfugier dans ce qui est proposé par les autres. En réalité, ce n'est pas si simple, mais j'ai tendance à croire, après mes nombreuses expériences, que le collectif rend le chemin encore plus enrichissant humainement.

Beaucoup pensent qu'improviser, c'est faire « n'importe quoi ». Erreur. Improviser, et spécifiquement en musique, selon moi, c'est partir d'une feuille blanche, du silence, et chercher, avec bienveillance mais non sans effort, quelque chose qui nous touche. Il s'agit d'une lutte intellectuelle et physique entre ma sincérité et ma sensibilité, entre la mise en danger que je considère comme intellectuellement honnête et la reconnaissance de ce que je trouve intéressant, entre la libération volontaire d'idées et l'ordre très précis selon lequel je procède à cette libération.

Improviser revient encore une fois à une double action : s'exprimer sincèrement, libérer volontairement des idées et assumer tout ce qui surgit, les belles choses comme les moins harmonieuses. C'est à la fois une déconstruction – la quête permanente d'une phrase qui n'a pas de sens au moment où je l'exprime, d'un accord que je ne connais pas – et la vigilance de ne jamais tomber dans le concept « solfégique », dans un propos analytique, dans une expression trop précise d'une émotion déjà interprétée de manière similaire à de nombreuses reprises.

L'improvisation ne doit pas être une démonstration de virtuosité, de pouvoir, de force, pas plus que de fragilité. Et ce n'est pas une quête personnelle non plus. C'est au contraire une plongée simple et sincère vers ce qu'il y a de plus authentique en nous. Pour atteindre ce niveau d'honnêteté avec soi-même, il y a un certain nombre de codes à remettre en question, quelques barrières ou masques à faire tomber, un zeste d'ego, une part de fierté ou de quête de reconnaissance, d'amour. Ne pas prétexter que je n'ai pas eu le temps, ne pas me mentir sur des accords ou des harmonies déjà connus. Accepter de ne pas savoir ce que je cherche, car l'improvisation est cette recherche toujours en cours et jamais aboutie. Mais aussi reconnaître quand je joue quelque chose d'intéressant.

Plus encore qu'une quête de soi, c'est une quête de l'humain niché en chacun de nous. Improviser, ce n'est pas transformer des fausses notes en notes artistiques. C'est plutôt s'exprimer et assumer ce qui surgit. Alors, au cœur de cette recherche-là, une transformation s'opère, une vérité surgit. Une de ces vérités enfouies en nous et que nous ignorions, faute d'y prêter attention. C'est cela qui rend l'improvisation intéressante à mon sens. Se découvrir une nouvelle facette de notre être, une sorte de renaissance, minime mais véritable.

L'improvisation se nourrit de tous les matériaux existants, nos sens, nos expériences. Rien ne s'invente complètement, tout est une question de renouvellement. Le monde est une recréation permanente. Que je sois en famille, avec des amis, en cours, au cinéma, en concert, en studio, même endormi, j'improvise. J'utilise parfois la trompette, d'autres fois le piano et, le plus souvent, ma tête seulement. Je ne creuse jamais de façon forcée dans ma mémoire ou mes connaissances, je ne cherche pas à faire appel à des musiques déjà entendues. Mais je m'inspire émotionnellement de tout ce qui m'entoure, sans hiérarchiser, sans juger : une forme, une couleur, un bruit, une odeur, une pulsation, deux notes qui ont résonné au hasard, une voix, mais aussi de la musique classique, jazz, pop, rap, folklorique, moderne, contemporaine, traditionnelle, etc. Lorsque je travaille pour le cinéma, ce sont souvent mes conversations avec la réalisatrice ou le réalisateur qui vont générer les premières idées. Parfois les images provoquent aussi des émotions et stimulent cet imaginaire.

J'essaie de ne pas solliciter la partie de mon cerveau liée à l'intellect, mais seulement la partie sensitive. La musique a quelque chose d'animal, d'instinctif qu'il faut valoriser, apprendre à écouter, à percevoir, à déployer, car cela révèle de nombreuses pistes artistiques. Je reçois donc toutes ces idées et j'essaie de les exprimer librement et indépendamment de « moi ». C'est-à-dire sans chercher à contrôler, ni à faire tenir des notes ensemble. Cette phase d'expression est un moment extrêmement précieux.

La connaissance du corps est fondamentale aussi. Nous possédons tous deux yeux pour voir la troisième dimension. Nous en sommes naturellement mais passivement conscients. Nous y avons surtout été sensibilisés par le cinéma. En effet, l'art cinématographique a développé un système complexe de traitement de l'image via des lunettes qui permettent de faire se recouper deux images similaires mais légèrement décalées. Sans ces lunettes correctrices, nous voyons une image floue sur l'écran. Même si nous ne nous posons jamais la question, ce même décalage existe naturellement dans la nature sonore, et nos deux oreilles permettent, en captant les sons à des moments légèrement différents, d'en déduire la distance. Autrement dit, nos oreilles fonctionnent comme des yeux, et sont capables de se repérer dans l'espace. Pour en faire l'expérience, il suffit de jouer à vous obstruer alternativement un œil ou une oreille, vous allez immédiatement comprendre cette notion d'espace. Si vous fermez un œil, vous aurez des difficultés à envisager la distance des choses qui vous entourent. Si vous vous bouchez une oreille, vous aurez beaucoup de mal à estimer la distance ou le volume sonore d'un élément de votre entourage, puisque votre cerveau ne reçoit qu'un seul signal. En apprenant à utiliser toutes ces fonctions de notre corps et de notre esprit, nous comprenons mieux le monde.

Pour toutes ces raisons, l'improvisation est indispensable : elle nous apprend à nous perfectionner dans l'usage de toutes ces facultés dont nous nous servons si peu. D'ailleurs, lorsque vous ferez cette expérience de vous boucher une oreille ou un œil, veillez à ne pas être dupés par votre mémoire, car elle va reconstituer un semblant de réalité. Il faut donc faire abstraction de la mémoire sensitive pour que l'effet soit réussi.

Même si nous essayons de déconstruire totalement notre propos artistique, de « faire le vide », de rechercher cette fameuse feuille blanche pour inventer à partir de rien, nous avons intégré dans nos corps des couches de mémoire. Ces couches nous constituent et demeurent en nous avant et après le travail d'improvisation. Tel un feuilletage, c'est une définition de notre identité. Notre ADN modifié. Par le temps, les rencontres, nos expériences, nos erreurs, nos succès, nos lectures, notre histoire. Il est donc essentiel d'apprendre à organiser sa mémoire, son vécu, savoir faire abstraction d'une partie de nous. Cette capacité à laisser place à une identité nouvelle le temps d'une création est un exercice périlleux. Travailler sur ce ressort de la mémoire est magique, mais assez vertigineux. Parfois, le fait de s'éloigner sciemment de soi pousse notre corps à réagir, et peut même nous y ramener de force.

Je me souviens de l'été 2018, j'étais en tournée avec un groupe de musiques des Balkans. Une énergie incroyable circulait entre nous, dans le groupe, mais aussi dans et avec le public. Chaque concert était une fête. Sur scène, je cherchais des idées nouvelles, un peu comme lorsque j'improvisais seul sur le piano de ma mère. L'expérience et le public en plus, bien sûr. Je m'efforçais de ne pas m'appuyer trop sur mes acquis ni sur l'énergie du groupe. À la fin de cette tournée, après le dernier concert, je suis rentré à l'hôtel envahi d'une énergie nostalgique. À la fois heureux de cette tournée, et triste qu'elle se termine. J'avais passé des moments formidables avec l'équipe de musiciennes, musiciens, danseuses et danseurs. Ma tête bouillonnait encore d'émotions et d'idées.

Le soir même donc, alors que j'étais endormi, je me suis réveillé en sursaut avec une mélodie en tête. Après m'être interrogé sur l'origine de cette musique – où l'ai-je entendue ? –, je me suis souvenu que j'avais composé cet air lorsque j'étais enfant. Je devais avoir 10 ans, je la jouais sur mon petit synthétiseur oriental. Elle avait une véritable consonance gipsy et j'ai eu envie de la partager avec la troupe que je venais de quitter. Heureux de cette résurgence inattendue, j'ai immédiatement enregistré cette petite mélodie de mon enfance en la chantant sur mon smartphone, puis j'ai refermé les yeux, repu et impatient de m'y atteler prochainement.

Quelques secondes plus tard, une autre mélodie m'est revenue. Même époque, même style, même émotion. Et ainsi de suite pendant plus d'une heure. Ont resurgi une quinzaine de mélodies composées dans mon enfance, liées les unes aux autres puisque composées à la même période, toutes d'influence très orientale et faisant écho de façon troublante aux couleurs de ce groupe avec qui j'avais passé mon été. Je les avais oubliées pendant près de trente ans ! Les retrouver fut un moment de bonheur indescriptible. J'étais euphorique et troublé.

Pourtant, ce qui venait de se passer était assez simple. Tout l'été, nous avions joué des musiques qui font écho au plus profond de moi. Sur scène, je m'efforçais de suivre le programme, tout en improvisant. Et puis, un peu comme lorsqu'on cherche un mot qu'on sait connaître, soudain, j'ai vu jaillir de ma mémoire ces thèmes que je ne cherchais plus. J'avais simplement tiré le fil de ma mémoire pour laisser remonter ces notes enfouies. Je n'ai pas cherché à organiser ces réminiscences. Je n'ai pas interféré dans le processus, libre et dénué de toute logique. Je ne me suis rien interdit. C'est un autre aspect de l'improvisation. Laisser notre mémoire fouiller dans notre passé, notre histoire, quelque idée authentique, enfouie et cachée derrière d'autres mélodies qui se sont imposées, nous faisant oublier les plus anciennes.

Je me suis souvent demandé comment j'étais devenu musicien et compositeur, mais surtout improvisateur. Est-ce que l'improvisation a influencé ma vie ou bien est-ce ma vie qui m'a conduit à improviser ? De l'improvisation musicale à l'improvisation au sens large, dans tous les domaines de la vie, laquelle est arrivée en premier ? Laquelle a influencé l'autre ? Est-ce le fait d'avoir commencé à improviser très jeune, sans même en être conscient, sur le piano de ma mère, qui m'a amené plus tard à devenir un artiste et à développer cette pratique dans mon enseignement ? Ou bien est-ce le fait de devoir improviser dans ma vie quotidienne, à l'école, dans mes études au conservatoire, puis dans ma vie professionnelle, et de voir mes parents improviser leur vie chaque jour, pour trouver leur place en tant qu'immigrés et en tant que musiciens, parents, adultes, qui m'a conduit à improviser en musique ? J'aime à croire que l'improvisation musicale est venue en premier, mais j'imagine que les deux se sont très tôt mêlées, inspirées et soutenues.

Je crois aussi que, outre l'improvisation musicale, j'ai ressenti très tôt, dans ma chair, dans mon corps, avec ma sensibilité, combien la musique m'était importante pour exister. Il me suffisait d'observer mon père et sa peur de ne pas être à la hauteur pour comprendre. Alors qu'il était rongé d'inquiétude par les nouvelles du Liban, par le manque de reconnaissance de son travail, par notre situation financière, je remarquais que seuls les moments où nous jouions ensemble de la musique lui procuraient une forme d'apaisement. Un apaisement tout relatif, car dès qu'on se retrouvait en public, la peur le submergeait. Du haut de mes 10 ans, j'observais mon père avant de monter sur scène pour interpréter un concerto que nous jouions en duo depuis parfois plusieurs années. Il tremblait. Plus tard, j'ai compris à quel point la musique révélait toute son histoire, ce que signifiait être trompettiste professionnel de musique classique en France pour cet enfant des montagnes libanaises, les souffrances de l'exil, de la solitude, du racisme, du manque de temps, de moyens, d'opportunités. Il jouait littéralement sa vie à chaque concert.

Je pense que prendre conscience que la musique aidait concrètement mon père à vivre, en lui faisant sentir qu'il existait, m'a conduit instinctivement à poursuivre dans cette voie. L'adage selon lequel « la musique adoucit les mœurs » est bien sûr fondé. Dans le cas de mon père, c'est un euphémisme. La musique donne un sens à sa vie, elle est sa respiration et son espoir, son origine et sa direction.

Peu importe lequel de l'aspect musical ou de l'aspect humain m'a conduit en premier sur la voie de la musique, il est certain que j'y ai trouvé une liberté d'être, sans pression sociale, sans les traumatismes de mon père, sans les difficultés de son parcours. Cette liberté, je savais qu'elle viendrait de la musique, mais pas de l'interprétation simple. Il devait y avoir quelque chose de plus épanouissant. De plus jubilatoire. Quelque chose qui me libère de mes chaînes d'être humain codé et programmé pour exister sans « être ». C'est bien plus tard que j'ai compris qu'on appelait cela l'improvisation.

II

L'improvisation comme transmission

I

Ce que mes parents m'ont transmis

Dès mon enfance, mes parents ont encouragé ma fibre artistique et musicale avec une très grande ferveur et un engagement total. Très tôt, ils m'ont offert un synthétiseur, des instruments de percussions, une boîte à rythme, une trompette, des enregistreurs, des micros. Certes, mon père était très strict à la maison sur les principes de notre éducation et quand il m'enseignait la trompette, mais je me suis toujours senti stimulé dans mon apprentissage de la musique.

Bien que tous deux professeurs en conservatoire, étonnamment, ils ne m'ont jamais inscrit aux cours de solfège. Pour mon père, m'enseigner la trompette était un devoir, une fierté et une mission. Chanter, solfier, déchiffrer, entendre les différences d'harmonies, d'intonations, la justesse, la transposition… Un enseignement *all inclusive*! Son exigence était proportionnelle à sa foi en moi et les leçons qu'il me donnait restent gravées en moi comme des moments uniques de complicité musicale et humaine. Il me voyait comme un petit prodige. Je n'avais pas le droit à l'erreur. Il me disait souvent : « Toi, Ibrahim, tu vas pouvoir faire tout ce que je n'ai pas pu faire, car tu commences jeune. Tu as cette responsabilité. Et si tu n'entres pas au Conservatoire national de Paris avant 23 ans, l'âge que j'avais quand j'ai débuté cet instrument, c'est que tu auras tout gâché. »

Je représentais pour lui un temps précieux qu'il fallait absolument gagner. Rien ne devait être laissé au hasard. Son programme était calculé sur les sept-huit années de mon apprentissage, à l'exercice près. La trompette a donc été pendant toutes ces années un flambeau que je me devais d'entretenir, une histoire, celle de mon père, un art, et accessoirement seulement un moyen de m'exprimer. J'ai donc mis très longtemps à envisager la trompette comme instrument de liberté.

Lorsque nous partions en tournée, il me parlait beaucoup, me racontait les anecdotes de son enfance, l'alcoolisme de son père Assad, la pauvreté de sa famille dans les montagnes libanaises, les souffrances endurées dans l'exil, les petites phrases assassines de ses camarades au conservatoire qui l'encourageaient à rentrer « chez lui ». Il portait ces humiliations comme des fardeaux sur son cœur. Je le voyais travailler comme un forcené, cumuler les postes pour s'en sortir et rembourser le prêt beaucoup trop lourd qu'il avait contracté pour acheter une petite maison du centre-ville d'Étampes, dans l'Essonne. Il avait refusé de vivre dans un petit appartement ou dans un HLM des quartiers difficiles. Il voulait offrir à sa famille une vie « normale », espérait effacer toute distinction sociale entre lui et ses collègues du conservatoire, et entre nous, ses enfants, et nos camarades d'école.

Même s'il avait réussi à atteindre son rêve, devenir un grand trompettiste classique, mon père voulait que j'aille encore plus loin musicalement. Que je gagne les concours qu'il n'avait pas pu passer. Que je poursuive son chemin, que je sois à la hauteur de son héritage. J'avais conscience de cela et je comprenais son engagement vis-à-vis de moi, son exigence, sa dureté. Dès l'âge de 8 ans, il m'a emmené un peu partout, en France, en Belgique, en Allemagne, en Suisse, dans les pays arabes également. On jouait dans des églises, des théâtres, des auditoriums et des salles de concert.

Ma mère se montrait elle aussi toujours encourageante, mais manifestait davantage de réserves vis-à-vis de cet apprentissage quasi militaire. Elle s'inquiétait parfois de la discipline de fer imposée par mon père. Je répétais avec lui à l'heure du déjeuner pendant une demi-heure, puis j'avalais mon repas en un quart d'heure avant de retourner à l'école. Il était capable de me faire répéter plus de cent fois le même exercice jusqu'à ce que je le réussisse, pour m'autoriser ensuite à aller jouer dans ma chambre. Je n'avais pas le droit de pleurer. Lorsque je réussissais un exercice, j'étais fier de moi, mais par-dessus tout je le voyais, lui, si heureux. C'était sa satisfaction que je recherchais. Comme si, en jouant parfaitement ce qu'il m'avait enseigné, je donnais un sens à sa vie, je devenais la preuve que ses souffrances et sa vie n'avaient pas été vaines.

L'enseignement de mon père ne laissait aucune place à l'amusement, ni à la recherche, ni même au plaisir. La mission qu'il s'était donnée pour mon enseignement : jouer parfaitement et le plus jeune possible. Tout était calculé au millimètre près. Il me donnait des cours tous les jours, d'abord un quart d'heure puis une demi-heure, puis trois quarts d'heure, puis une heure par jour. Cela entre mes 7 ans et mes 14 ans. Soit une méthode intensive, déjà rodée, puisque c'est ainsi qu'il s'était lui-même formé, bien que beaucoup plus âgé.

Plus encore, il s'était mis en tête de prouver à tout le monde que la trompette piccolo était plus facile qu'on ne le pense. La piccolo est un instrument réputé pour être très difficile. En général, seuls les trompettistes très expérimentés s'y risquent, car la tessiture est plus aiguë. Mais mon père ne voyait pas les choses de cette manière. Il m'a posé une piccolo sur les lèvres avant mes 9 ans. Et le pire, c'est qu'il avait raison. La plupart des trompettistes confondent force et pression, c'est-à-dire puissance et vitesse de l'air, alors qu'il n'est absolument pas nécessaire d'avoir de la force pour que l'air soit rapide. N'importe quel enfant, dont les muscles des lèvres sont bien entraînés à encaisser le poids et la pression de l'embouchure, peut en réalité très facilement jouer de la piccolo. J'ai donc servi d'exemple, de cobaye, à mon père pour développer et prouver sa théorie. Le chemin qu'il avait tracé pour moi n'était plus à inventer. Je n'avais surtout pas besoin de me poser de question et je devais simplement suivre sa méthode, excellente au demeurant. À 17 ans, j'étais premier nommé au concours du conservatoire régional de Paris. Une étape liminaire avant de passer deux ans plus tard le concours d'entrée au Conservatoire national supérieur de musique de Paris et d'y entrer également premier nommé à l'âge de 19 ans. Je n'ai quasiment fait aucun effort pour être accepté dans ces établissements. Je n'ai fait que suivre les conseils de mon père.

Ma mère, heureuse de me voir réussir à aller aussi loin avec cet instrument, craignait néanmoins que je devienne un petit singe savant, un animal de foire, que je manque des jours de classe. Mon père rétorquait que la musique était bien plus importante que tout le reste, et il était persuadé qu'en l'accompagnant ainsi dans ses tournées internationales je me construisais en tant qu'artiste. J'étais pour ma part très fier de l'accompagner. Nous avons vécu des moments extraordinaires en concert. Joué dans des lieux sublimes, rencontré des personnalités fortes, publiques ou anonymes. J'ai eu la chance de croiser la route d'artistes très inspirants, d'autres qui m'ont beaucoup touché ou qui m'ont encouragé à avoir confiance en moi. Parfois, un sourire ou quelques mots ont fait naître en moi cette envie de continuer sur ce chemin. Je pense notamment à Serge Gainsbourg que j'ai rencontré alors que j'avais à peine 10 ou 11 ans lors du mariage de Paul Belmondo, le fils du grand acteur français Jean-Paul Belmondo. À l'époque, mon père travaillait avec un talentueux organiste. Nous formions un trio, et nous avions joué lors de cette cérémonie.

La tribune où nous étions se trouvait à quelques mètres de hauteur, juste à côté de l'orgue de l'église où se déroulait le mariage. J'avais cru reconnaître l'acteur Alain Delon et quelques autres personnalités du monde du cinéma et de la musique, tous alignés les uns à côté des autres. Puis, tout au bout d'une de ces rangées, une coiffure assez inhabituelle. Je me souviens de l'avoir d'abord reconnu ainsi. Je savais qui était Gainsbourg, je connaissais quelques-unes de ses chansons, je voulais juste lui serrer la main, simplement. Je suis donc descendu seul, et vers la fin de la cérémonie je me suis approché de lui. Comme j'avais ma trompette dans les mains, il a tout de suite compris. Il s'est tourné vers moi et m'a tendu gentiment sa main pour me féliciter. Je n'ai pas osé lui adresser la parole, j'ai serré sa main, il a dit quelque chose que je n'ai pas tout à fait entendu, et je suis reparti en courant vers le haut de la tribune.

Mon père, lui, n'avait aucun attrait pour ce monde du showbiz qu'il considérait comme une chose futile. Il plaçait au-dessus de tout la perfection de notre interprétation. Jouer sans faire une seule fausse note et surtout que le propos soit musical et sincère. Cette exigence était le pilier de sa pédagogie et le résultat d'années de galères que je ne vivrais pas puisque j'avais été préparé sous sa direction. Je devais donc être constamment à la hauteur. C'était un plaisir dangereux, qui n'a rien à voir avec ma notion de l'art aujourd'hui. Il s'agissait plutôt d'une question d'être accepté, intégré, à la hauteur de ce qu'on « attend de nous ». Ne pas être « capable » signifiait ne pas mériter d'être là, en France. Cela était synonyme d'échec, et donc de retour au Liban. Le Liban associé à la tragédie et à la guerre. C'était donc, encore une fois, une question de vie ou de mort.

Peut-être cette divergence des points de vue a-t-elle contribué à nous éloigner mon père et moi. Lui parce qu'il avait cette quête constante et paradoxale du possible retour au Liban, à l'origine, à la source, en poursuivant son chemin de bon élève du Conservatoire national de Paris, respectueux des traditions musicales classiques occidentales et arabes. Moi parce que j'acceptais d'être autant français que libanais, et que je cherche sans cesse à découvrir tous les chemins qui peuvent s'ouvrir à moi, à ne plus être en quête de virtuosité, mais de curiosité, de liens, de découverte de ce que je ne connais pas.

J'ai donc été éduqué selon deux philosophies radicalement opposées. D'un côté le piano, en autodidacte, où tout était autorisé, y compris l'erreur, nécessaire. Et de l'autre la trompette, où je n'avais pas le droit au moindre écart.

Plus tard, grâce à la radio et à la télévision, j'ai découvert d'autres formes de musiques. J'ai été séduit d'abord par la pop enflammée de Michael Jackson et par sa façon de danser. J'avais 8 ans. Puis, vers 10-12 ans par le hip-hop de De La Soul. Vers 13-14 ans, ce fut le rock et le hard rock de Led Zeppelin, Metallica ou Nirvana. Vers 15 ans, j'ai découvert Miles Davis. Puis vers 17 ans, les Balkans d'Emir Kusturica. Vers 19 ans, je me suis enivré du blues propre d'Eric Clapton puis de celui plus torturé de B.B. King. Toutes ces années, j'étais passionné d'Edvard Grieg, de son concerto pour piano, ou de Peer Gynt, mais aussi d'Oum Kalthoum ou Souad Mohammad. Feiruz était partout. Et Maurice André résonnait à chaque note de trompette jouée à la maison.

Avec le recul, j'ai le sentiment que mon épanouissement artistique, mais aussi humain, est lié à cet espace de liberté qui m'a été offert : avoir le droit de tout écouter et de tout jouer. Plus tard, c'est ce même espace de liberté qui a nourri ma curiosité de rencontrer d'autres artistes, venus de mondes musicaux différents du mien. J'ai toujours considéré que ces rencontres génèrent des dialogues qui eux-mêmes stimulent la créativité. À la trompette, s'il est vrai que je ressentais une forme d'épanouissement par la performance et par une nécessité historique, familiale, en suivant le chemin tracé par mon père, cet épanouissement était cependant limité. Je savais qu'il me manquait quelque chose d'essentiel. Au piano, j'avais un espace de création illimité, sans aucune restriction ni règle. J'étais libre, mais je manquais de technique, étant totalement autodidacte. Ce sont deux voies très différentes, mais toutes deux nécessaires, compatibles et surtout, selon moi, indissociables.

Malheureusement, dans l'enseignement musical, mais plus généralement dans le domaine de l'enseignement et de la pédagogie, l'une de ces deux voies est privilégiée par rapport à l'autre. Si je n'avais pas reçu la technique, la culture, l'histoire, les heures de travail obstiné et une formation solide me poussant à être le meilleur que je puisse être dans l'apprentissage de la trompette, il me manquerait quelque chose de fondamental dans ma pratique libre du piano et de l'improvisation. Et inversement, je n'aurais pas pu pratiquer la trompette avec autant de rigueur, de concentration, de plaisir et de détermination si je n'avais pas eu ce magnifique espace de liberté par ailleurs, car la pression était trop importante, et il y a fort à parier que j'aurais abandonné rapidement. Il n'y a pas de liberté plus désirée que celle à laquelle on a déjà goûté. Sachant ce que je pouvais m'amuser à faire au piano, je divaguais en imaginant tout ce que je pourrais créer à la trompette une fois tout ce bagage assimilé. Et parallèlement, mon travail acharné à la trompette me laissait entrevoir tout ce que je pourrais créer un jour au piano avec le temps et la concentration. C'est cet état d'esprit qui me donnait confiance en moi, et me poussait à m'améliorer au piano et en composition.

À l'âge de 10-12 ans, je voulais impressionner ma mère. J'apprenais par cœur les Nocturnes de Chopin, les pièces de Schumann ou Mozart, pour les reproduire à l'oreille, sans partition. Évidemment, mes versions étaient simplifiées. Je ne jouais pas toutes les notes. Mais j'étais dans la bonne tonalité. Les thèmes et les accompagnements, certes différents des pièces originales, respectaient le rythme et les harmonies. Ma famille n'en croyait pas ses oreilles. Elle se demandait comment j'avais pu apprendre à jouer Chopin sans jamais avoir pris de cours de piano. Pour mon père, j'étais un génie. Ma mère manifestait plus d'inquiétude qu'autre chose, mais elle m'encourageait de tout son cœur. Elle se demandait si j'étais tout à fait normal. Ma tante Hind, également pianiste, m'appelait son « petit Mozart ». Pour moi, il n'y avait rien d'extraordinaire. J'avais simplement fait appel à mes sens, j'avais écouté, mémorisé et tenté de reproduire les sons aussi fidèlement que possible. Pourquoi étais-je attiré par ces expériences ? Premièrement, parce que j'en avais la pleine liberté. Ensuite, pour me mettre au défi, voir si j'étais aussi pertinent au piano qu'à la trompette. Et, plus que tout, parce que j'étais animé de l'envie de jouer des musiques inspirantes.

En réalité, cette oscillation entre rigueur extrême et liberté totale m'a encouragé à avoir très tôt une grande indépendance. Une indépendance spirituelle comme intellectuelle. Un sens critique aigu, qui est à mon avis l'un des éléments les plus importants pour pratiquer l'improvisation.

Nous vivions depuis 1981 à Étampes. Ma sœur et moi étions scolarisés dans une école privée catholique tenue par des sœurs libanaises. Une chance inouïe pour mes parents qui venaient de quitter leur pays et cherchaient désespérément un endroit chaleureux, où ils pourraient se sentir un peu chez eux. Cette école semblait une véritable bénédiction. Pourtant, c'est dans cet établissement que j'ai découvert l'injustice et le racisme. Je parlais très mal le français et me sentais constamment exclu. Tandis que ma mère m'enjoignait d'être discret et me conseillait de ne pas poser de problèmes, et de laisser le temps faire son œuvre, mon père me sommait de me défendre. J'étais tiraillé entre ces deux réactions possibles. Il me fallait trouver une troisième voie, autre chose que la violence ou la soumission. Comment résister sans frapper ? Comment accepter sans être soumis ? Il a fallu inventer, tâtonner, essayer, chercher.

Ma réponse ne s'est pas fait attendre longtemps. J'étais en CM1 et avais le même âge que mon père lorsqu'il a été obligé de quitter l'école… On aurait presque envie d'y voir un parallèle ! Je venais d'essuyer, pour la énième fois, les insultes d'un de mes camarades, et m'en étais plaint à mon institutrice. Celle-ci a réagi en me punissant. Bouleversé, j'ai rangé mon cartable en silence, sous ses yeux médusés, et ceux de mes petits camarades. Je me suis levé et j'ai quitté la salle de cours. En pleine journée. Je suis rentré à pied à la maison, j'ai sonné à la porte. Ma mère m'a ouvert, inquiète de me voir rentrer seul à cette heure. Je lui ai demandé de ne plus jamais aller à l'école.

Quelques semaines plus tard, elle m'a inscrit à l'école publique. Et c'est dans cette nouvelle structure, beaucoup plus tolérante et mélangée, tant du point de vue des origines sociales que culturelles, que j'ai trouvé mon équilibre. J'ai aimé ces mélanges, les différences de peaux et de religions. Mais aussi d'opinions. Il n'existait pas de dogme unique que tout le monde devait accepter sans broncher. Mais des idées, toutes différentes, toutes légitimes, et toutes susceptibles de me séduire. En m'improvisant nouvel élève au milieu de cette population si diverse, qui acceptait ma différence comme une norme et dans tous les cas ne me dissociait pas d'elle, j'ai appris à aimer vivre avec les autres. Nous étions tous différents. Même les professeurs m'intriguaient par leurs manières d'être si dissemblables, par leurs personnalités étonnantes. Et c'est ainsi que je me suis fait petit à petit une place.

J'ai conservé de cette dernière année à l'école primaire beaucoup des valeurs que je considère comme miennes aujourd'hui. L'indépendance d'esprit. Une très grande sensibilité face à l'injustice. L'importance de ne pas se laisser influencer. Ne jamais prendre tout ce qu'on nous enseigne pour acquis. Faire preuve d'esprit critique. Le racisme a été pour moi une véritable école d'improvisation : comment réagir aux insultes de « sale Arabe » que j'ai entendues toute mon enfance et que je continue parfois d'entendre ou de lire ? Comment éviter la confrontation directe, violente et vaine ? L'improvisation peut agir partout ici comme une clé magique. Elle apporte des solutions à l'adversité, à l'incompréhension, aux malentendus.

Je suis devenu improvisateur parce que j'ai cherché à créer un environnement qui me ressemble, dans lequel je me sens heureux. Un univers parallèle, un propos artistique fidèle à ma personnalité, à la société dans laquelle j'ai envie de vivre et dans laquelle j'aimerais que mes enfants vivent demain.

2

Déconstruire et réapprendre

Albert Einstein disait que « inventer, c'est penser à côté ». Or le système pédagogique n'encourage généralement pas à le faire. Au contraire, il a plutôt tendance à nous formater. Ou, du moins, à nous enseigner à tous la même chose, sans chercher à approfondir nos singularités, nos qualités individuelles, ou à prendre en compte les difficultés ou lacunes spécifiques à chacun. C'est un écueil que l'on retrouve dans la plupart des pays, en particulier parce que l'enseignement d'aujourd'hui est basé sur la notation, et donc la comparaison, le classement et la sélection entre les élèves. Si certains établissements scolaires, scandinaves ou anglo-saxons, proposent aujourd'hui un plus large éventail de matières à étudier, une possibilité de se spécialiser plus tôt, l'immense majorité des systèmes scolaires dans le monde continue d'uniformiser le corps étudiant pour pouvoir le sélectionner.

Le grand biologiste et généticien Albert Jacquard disait que la compétition, c'est « réquisitionner toute son intelligence et ses capacités intellectuelles pour étudier des choses qui ne nous intéressent pas forcément, mais qui sont au programme. Et, par conséquent, c'est faire acte de soumission, c'est faire preuve de conformisme. Et actuellement le système des grandes écoles, le système de la compétition, ne fait que sélectionner les plus conformes. On entre dans un monde qui doit se renouveler. Plus on est conformiste, plus on est dangereux. Par conséquent on est en train de sélectionner les gens les plus dangereux, ceux qui ne seront pas capables d'imagination». C'était lors de l'émission *Noms de dieux* de la RTBF en 1994.

Le monde n'a jamais eu autant besoin d'idées neuves, de solutions innovantes. Posons-nous simplement la question : où, dans l'enseignement qu'on nous a prodigué depuis notre petite enfance jusqu'au baccalauréat, nous a-t-on appris à inventer ? Bien au contraire, pour trouver un travail dans la société actuelle, on nous demande d'avoir suivi une formation d'excellence, dans laquelle nous sommes en constante compétition, parfois à outrance, le tout selon des critères très conventionnels et dont on constate rapidement, une fois le travail obtenu, qu'ils n'ont aucune utilité dans le fonctionnement demandé. Rien de tel pour freiner l'originalité et la créativité. Pour obtenir un emploi, une place dans la société, il faut se conformer. Quand bien même cette uniformisation serait contre-productive. Le recrutement se fait nécessairement dans ce cadre. Je dois cependant relativiser, car de plus en plus d'entreprises ont compris que la valeur ajoutée des personnalités créatives est devenue pratiquement indissociable des succès en affaires. La Silicon Valley y est évidemment pour beaucoup, mais pas seulement.

Dans le domaine de l'art, et en particulier de la musique classique et du jazz, l'enseignement se fait étonnamment de la même façon, alors que tout le monde est conscient du paradoxe. Nous savons que la définition de l'art est inhérente à la nécessité d'inventer. D'un côté, les artistes interprètes et créateurs, musiciens et compositeurs, exécutants de leurs propres créations sont en voie de disparition dans le domaine de la musique classique, de l'autre, le monde n'a jamais connu de période dans laquelle autant de personnes se considèrent comme artistes.

Pour le bien commun et le bien de chacun, nous avons établi des codes qui sont le fruit des expériences, des connaissances, des erreurs, des réflexions de nos aïeux, et évidemment aussi des avancées technologiques. Plus on sait, plus on développe des langages, des codes. Et ceux qui en héritent ont le sentiment trompeur que ces codes sont intouchables.

Dans le passé, nos ancêtres acceptaient plus facilement leur manque de connaissances et nous suggéraient humblement de faire mieux qu'eux, d'apprendre encore, d'en savoir plus et d'être dignes de leur héritage en poursuivant le chemin parcouru et en osant le faire évoluer.

Ils avaient conscience que l'ignorance doit être comblée par les études, la connaissance et l'innovation.

Aujourd'hui, les plus âgés d'entre nous vivent trop souvent dans la peur. La peur du changement, d'être dépassés ou dépossédés de leur culture, que leurs acquis soient blasphémés. Et au lieu d'encourager les plus jeunes à créer, ils défient leurs enfants, leurs élèves, de faire mieux qu'eux et leur répètent : « Je doute que tu sois capable d'en savoir plus, car nous avons déjà fait le tour de la question. »

Dans le cas de l'enseignement de la musique classique et du jazz, je fais le même constat : les conservatoires sont de fabuleux lieux de transmission mais restent bien souvent trop élitistes et ont bien du mal à intéresser un élève qui ne serait pas naturellement initié par ses parents ou par son entourage proche. Or, pour qu'une culture se renouvelle, il faut des énergies nouvelles et des idées venues d'ailleurs. Le monde est plein de créativité. L'objectif n'est pas uniquement de conserver ce qui existe, mais d'apprendre à le faire évoluer et à se transformer à travers le temps, l'espace et les différents langages que le monde nous offre.

Pourquoi ne pas partir du principe que l'on souhaite avant tout transmettre aux jeunes le meilleur de ce qu'on a nous-même reçu et appris, tout en admettant et reconnaissant nos erreurs et nos limites ? Et ce, en les stimulant simultanément pour qu'eux aussi cherchent de nouvelles harmonies, participent au renouvellement de l'art musical, inventent et déconstruisent ce qu'ils ont appris. Cela ne signifie pas que l'on jette tout ce qui a été acquis à la poubelle et que l'on oublie l'enseignement de la musique classique et du solfège ! Bien au contraire, cela signifie que l'on peut avoir davantage confiance en l'intelligence des jeunes, en leur créativité, et que l'on peut en même temps faire peut-être preuve d'un peu plus d'humilité en tant que guides.

Un professeur doit être prêt à se remettre en question, à accepter ses limites tout en transmettant sa passion, son amour d'un instrument et de l'art. Il doit donner à l'élève le sentiment qu'il y a deux apprentissages indispensables. Celui offert par le professeur, et un autre que l'élève devra découvrir par lui-même. Le professeur n'est pas un virtuose dont les trophées trônent dans la classe, et qui doit nécessairement briller devant ses étudiants, les écraser de tout son savoir, ou pire, car cela arrive bien plus souvent qu'on ne l'imagine, les humilier lorsqu'ils se trompent. Un bon pédagogue est un bon passeur de savoirs, il transmet sa passion avec joie, donne envie à ses étudiants d'aller plus loin, éveille leur curiosité, les pousse à chercher, à le contredire, à se tromper, à essayer, à s'exprimer, à inventer. À improviser, en fait. C'est ainsi que l'on stimule un élève, une classe, une génération et, *a fortiori*, une société.

Beaucoup de professeurs semblent craindre que, en se positionnant ainsi au même niveau de créativité que leurs élèves et en faisant preuve d'humilité, ils deviennent vulnérables et moins respectés. Pourtant, en se plaçant comme un allié de l'élève, en s'alliant donc à l'élève plus qu'en se l'aliénant, on transforme le rapport d'autorité en rapport d'enrichissement mutuel. Enseigner n'est plus un rapport de force, mais un lien constructif et bénéfique pour les deux. Un véritable moment de joie partagée, d'inventivité et de respect.

L'objectif d'un professeur, selon moi, est que les élèves sortent de classe avec la sensation que c'est facile : ils ont compris quelque chose et ont eux aussi envie d'essayer. Il ne s'agit pas seulement pour l'élève d'intégrer une leçon ou un morceau de musique. Mais aussi d'avoir gagné en confiance et désir d'en savoir plus et de vouloir aller plus loin. Et c'est cet état d'esprit qui les poussera à devenir créatifs. Si un élève ne comprend pas le cours ou décroche, le professeur doit savoir se remettre en question ! En effet, la compréhension de celui qui reçoit est de la responsabilité de celui qui transmet. Il doit donc lui aussi improviser des manières différentes d'expliquer et ainsi chercher par tous les moyens à attiser la curiosité de l'élève. L'apprentissage et l'enseignement peuvent être alors de formidables vecteurs d'épanouissement et de dialogue.

Par extension, dans tous les domaines de la vie, il me semble important de se rappeler en permanence que cette humble et constante remise en question est un moteur pour stimuler notre inventivité. Au-delà de la pédagogie, le savoir n'est jamais une absolue certitude. Ni dans l'art, ni dans l'enseignement, ni dans quelque domaine que ce soit. Les religions, qui cristallisent souvent les certitudes, ne sont-elles pas elles aussi de simples croyances ? Des « lectures » différentes du monde ou des écritures ? N'oublions pas que, étymologiquement, « religion » vient de « relier », « relire ». Dans la religion, les certitudes, les interdits, les obligations n'ont pas de légitimité absolue. Ce sont des lectures personnelles, discutables – même si, pour certains, elles ne sont pas négociables – et ce, au même titre que toutes les autres lectures.

Souvent, nous lisons et comprenons un texte au regard de l'éducation que nous avons reçue. Une même phrase n'a pas le même sens pour chacun. L'enseignement ne peut pas être dogmatique, il doit rester une interprétation. Il doit continuer de se renouveler, de s'enrichir. On transmet aux générations futures ce qu'on a appris afin qu'elles profitent de nos expériences. Ces enseignements ne sont pas des règles immuables. Si nous transmettons des codes inamovibles à nos enfants, nous annihilons leur désir et leur capacité d'en créer de nouveaux. En leur disant « apprends ce que je t'enseigne par cœur, ne cherche pas à discuter », nous les sommons de ne pas réfléchir. Leur apprendre qu'il y a d'autres choses que nous ne sommes pas encore capables de leur expliquer, ou simplement leur faire comprendre que l'enseignement que nous leur donnons est le résultat de nos recherches, même les plus strictes et exigeantes parfois, est une sublime façon de les y intéresser, et de les encourager à trouver ce que nous ne savons pas encore.

Notre société gagnerait certainement à réformer sa pédagogie, à dépasser le système actuel fondé sur des connaissances inamovibles, élitistes et très hiérarchisées – et j'ajouterai, à mon humble avis, peu épanouissantes si elles continuent d'être enseignées de cette façon. Nous gagnerions aussi à cesser d'entretenir le mythe que seules certaines personnes – les élites, les « sachants », les professeurs, voire les parents – détiennent le savoir et le savoir-faire. En réalité, nous sommes tous capables d'enseigner quelque chose, quelque part, à quelqu'un, à quelque étape de notre vie. Si nous apprenions à être plus humbles, et à donner un peu de notre temps pour enseigner ce qui nous passionne, et surtout apprendre à l'enseigner, et donc à structurer nos idées, nous formerions une société certainement beaucoup plus fraternelle, créative et confiante. Nous nous compléterions réciproquement et cesserions d'être en concurrence et en compétition constantes. Les rapports de domination n'auraient plus aucun sens.

En mars 2002, je suis allé à l'université George Mason de Fairfax, non loin de Washington, pour un concours de trompette national américain. J'étais venu trois jours plus tôt pour me préparer et ne plus subir le décalage horaire. Je m'entraînais beaucoup et la fatigue physique des lèvres me poussait à faire des pauses régulières. On m'avait prêté une grande salle pour travailler, dans laquelle trônait un vieux piano Steinway. De temps en temps, pendant mes pauses, je jouais ce qui me passait par la tête. Des improvisations. Un soir, je suis resté un peu plus tard que d'habitude dans le bâtiment presque vide, quand quelqu'un a frappé à la porte. Je n'osais pas répondre, finalement la porte s'est ouverte sur un monsieur d'un certain âge. Il m'a expliqué qu'il devait faire le ménage mais que je pouvais continuer à jouer, que ça ne le dérangeait pas. Alors, j'ai continué à jouer. Et pendant que je jouais, il hochait souvent la tête, une façon de me dire qu'il appréciait. À un moment donné, il s'est avancé vers moi. Je n'avais pas réalisé à quel point il était grand. C'était un sacré colosse, un Afro-Américain gigantesque. Au début, j'ai eu un peu peur, car il m'a légèrement poussé de mon siège avec son coude pour s'installer juste à côté de moi. Il m'a observé en train de jouer. Puis j'ai compris qu'il avait quelque chose à me dire. Il m'a alors expliqué qu'en posant une septième majeure de dominante avec la main gauche sur une gamme majeure, un ton plus haut, de la main droite, cela donnait un accord tout à fait unique, et original. J'ai immédiatement essayé et j'ai été très surpris par ce que j'entendais. Je n'aurais jamais pensé réunir ces deux accords qui, théoriquement, devraient frotter et donc être assez dissonants. Pourtant, quand j'ai joué cet accord sur les conseils de cet homme qui n'était pas du tout professeur de musique, j'ai été touché par cette harmonie que je n'avais jamais entendue auparavant.

Je n'oublierai jamais le sourire de cet homme. Il est reparti de la salle, heureux d'avoir appris quelque chose à un jeune garçon dont il ignorait tout. La transmission est partout. Elle commence là où je prends conscience qu'elle existe, là où j'accepte de recevoir et de donner en toute simplicité, et avec n'importe qui, sans aucune autre forme de hiérarchie ou d'autorité. Cette souplesse d'esprit, cette disponibilité, est le premier pas vers l'improvisation.

Naturellement, chacun comprend le besoin d'une société de fixer des règles et de les faire appliquer. L'ordre, l'organisation des informations, la méthodologie, la rigueur dans l'exécution des tâches sont évidemment nécessaires dans le cadre de la transmission. Mais lorsque certains d'entre nous cherchent de nouveaux chemins, de nouveaux systèmes, de nouvelles manières de classer, d'appréhender le monde, de le connaître et de le comprendre, nous devrions être plus à l'écoute. Envisager ces chemins positivement, sans les craindre, les valoriser et les accepter avec générosité sans avoir peur de nous perdre, en cultivant notre curiosité.

Revenons à l'improvisation. Imaginons que je suis sur scène avec des musiciens que je ne connais pas. Nous improvisons. Nous sommes passionnés. La première étape est donc le désir de jouer, l'amour de la musique. Je joue quelques notes qui font écho à une idée, à une gamme choisie au hasard de ma recherche. Les personnes qui improvisent avec moi jouent d'autres notes, d'autres idées. Avec un peu de chance, les idées s'accordent bien, l'harmonie est au rendez-vous. Si ce n'est pas le cas, ce n'est pas très grave. Nous avons le droit d'avoir des idées différentes, et nous sommes libres de développer les idées qui nous chantent. Cette indépendance est essentielle, car elle nous offre le choix de nous rapprocher de l'autre ou pas. La liberté est donc la seconde étape du processus. Il n'y a aucune obligation, ni de principe, ni de résultat. Une improvisation cacophonique n'est ni bonne ni mauvaise. Elle est. Certains aimeront, d'autres pas.

Cette notion de liberté a été développée dans le domaine du *free jazz* qui voulait se démarquer du jazz plus conventionnel et affirmer une indépendance d'esprit. Le refus de la soumission et de l'ordre établi. La révolution. Le saxophoniste américain Archie Shepp a été longtemps l'un des plus éminents représentants de ce courant musical. Ma rencontre avec lui au tout début de ma carrière a été déterminante. Avant de la raconter, je termine ma démonstration. Le troisième point est d'accepter le principe de la contradiction. En musique, cela signifie que, quoi qu'il se passe sur scène, nous chercherons constamment à améliorer, à affiner, jusqu'à ce que nos sons se marient parfaitement et que la magie opère.

En 2004, j'ai donc eu l'immense privilège d'être présenté à ce vieux monsieur. Archie Shepp. L'une des figures les plus importantes dans l'histoire du *free jazz*. Émigré en France, il joue régulièrement dans les festivals de jazz français et européens, les premiers à lui donner une place et qui n'ont rien perdu de leur engagement et de leur défense de toutes sortes de jazz, y compris les jazz qui ne sont pas populaires. C'est ainsi que j'ai été convié sur l'île de Porquerolles, où il a ses habitudes. On m'invite à la balance, et j'attends qu'Archie Shepp m'appelle pour répéter le morceau sur lequel je vais jouer mais dont j'ignore tout à ce moment-là. J'ai 23 ans, je suis tout nouvellement lauréat de concours internationaux de musique classique. J'adore le jazz et m'y suis formé un peu, mais je ne suis certainement pas un génie du jazz…

Je suis donc assis dans le parc encore vide. J'écoute et découvre le jeu sublime des musiciens : Michel Benita à la contrebasse, Aldo Romano à la batterie et Siegfried Kessler au piano. Tous virtuoses dans leur domaine. Je suis en pleine admiration et impatient de les retrouver pour travailler le morceau que nous allons jouer ensemble le soir même. Au bout d'une heure, j'ai l'impression qu'il ne m'a pas repéré. Peut-être a-t-il oublié que je dois répéter avec eux. Alors, je m'avance au premier rang, ma trompette sortie de sa housse, afin qu'il me voie et m'appelle.

Archie Shepp me fait un salut de la main, puis continue son *sound check* avec ses musiciens. Il reste vingt minutes de balance, je m'approche de l'organisateur et lui demande s'il peut prévenir Archie Shepp que je suis là, au cas où il aurait oublié. L'organisateur glisse à l'oreille du saxophoniste un mot en me pointant du doigt. Archie Shepp ne me regarde pas, il hoche la tête, l'air de dire : « Oui, merci, je suis au courant. »

Le *sound check* se termine, je ne suis pas monté sur scène. J'ai cru pendant quelques minutes que l'artiste avait changé d'avis. Dans les loges, je le croise et m'avance timidement vers lui. Je n'ose même pas lui demander quoi que ce soit. Simplement, je lui souris et le remercie de m'avoir invité. Je lui dis que je suis impatient de monter sur scène avec lui, mais un peu inquiet de ne pas savoir ce que je vais jouer encore. Je voulais au moins connaître le thème, la mélodie, l'harmonie… Il lâche alors ces mots : « On va voir ce que tu as dans le ventre, petit ! » Tout en sortant une gigantesque feuille de cigarette dans laquelle il glisse une pâte, marron, qu'il effrite délicatement avec ses grands doigts. Il la roule tout en me regardant admirer son geste aussi précis que ses solos endiablés que j'avais écoutés en boucle dans les semaines précédant notre rencontre.

Vient l'heure du concert. Les musiciens sont sur scène, le son est fantastique. J'attends dans les loges, la trompette à la main, prêt à jouer avec cette légende. Je suis à la fois extrêmement enthousiaste et très inquiet, ne sachant toujours pas ce que je vais jouer. Après plus d'une heure de concert, je l'entends m'appeler dans son français un peu cassé : « Et maintenant, je voudrais accueillir un jeune musicien, monsieur Abrahim Maafoul (*sic*) ! » Le public applaudit mollement. Je n'ai encore jamais fait d'apparition dans le domaine du jazz. Personne ne me connaît. Mon premier album sortira trois ans plus tard. Et pourtant, Archie Shepp m'invite, généreusement, m'ouvre la porte de son domaine. Je n'ai avec moi que la volonté de bien faire, et de rencontrer d'autres artistes. Je suis impressionné. Lui ne sait pas d'où je viens, il ne sait rien de mon parcours de musicien classique. On lui a juste dit : « Il y a un musicien et on aimerait que tu fasses un titre avec lui. » Et comme c'est un homme généreux, il a accepté.

Je monte donc sur scène. Je ne connais ni l'harmonie ni la mélodie du morceau sur lequel il m'invite. Et je pense que je fais ce soir-là la pire apparition musicale de ma vie. Aucun son n'est juste, je n'arrive à rattraper aucune des notes de la mélodie, à tel point qu'à un moment Archie Shepp lui-même se tourne vers moi et me fait signe d'arrêter. À la fin du morceau, il tend son bras vers moi pour que le public m'applaudisse. Sans grande conviction. Il ne cite pas mon nom, je sors de scène.

Je me suis assis sur une marche pour encaisser ce qui venait de se passer. On appelle ça une claque. Je devais l'accepter. J'étais sonné. Après avoir versé quelques larmes que je tentais désespérément de cacher, même s'il n'y avait que moi sur cet escalier, j'ai remonté les marches pour ranger l'arme du crime. Cet instrument que je croyais connaître et qui s'est avéré brutalement si étranger. Je me suis changé, j'étais sur le point de quitter discrètement les lieux pour ne plus croiser personne. La honte avait pris possession de tout mon être. Je ne voulais pas qu'on me voie ni qu'on me parle. Je voulais simplement disparaître, réapparaître dans mon lit et y rester plusieurs jours. Au moment où je m'apprête à quitter les lieux, le concert est sur le point de se terminer. Archie Shepp est ovationné, le public debout. Je me dirige vers la sortie. Soudain, j'entends un début de morceau et une transe extraordinaire. Je m'arrête. C'est le rappel. Je l'entends chanter dans le micro : « *Revo… Revo… Revo… Revolution…* » Le rythme est incisif, l'harmonie simple. Il n'y a pas de mélodie. C'est une sorte de grande incantation. À ce moment précis, je me suis dit : « Si seulement il m'avait invité sur ce titre, tout aurait été différent. » Musicalement, ce titre était plus proche de ce que j'aurais pu proposer, plus facile pour moi à intégrer, plus adapté à mon jeu.

À peine quelques millièmes de secondes après que ces idées m'ont traversé l'esprit, et alors que je quitte les lieux, abattu, Archie Shepp m'appelle une fois, puis une seconde, puis une troisième. Je n'en crois pas mes oreilles. Je ne suis pas prêt mais, si je ne retourne pas immédiatement sur scène, j'aurai gâché toutes mes chances de prouver ce dont je suis capable. Je ne sais pas ce qui se passe dans ma tête à ce moment-là, je cours vers l'arrière-scène, sors ma trompette, et me retrouve à côté d'Archie sans me poser la moindre question. J'improvise. Nous échangeons des notes dans une frénésie et une passion inouïes. Nous nous répondons, nos sons se croisent pendant de longues minutes, lui alterne chant et solo au saxophone, j'écoute le rythme, et lui donne la réplique. Un moment magique. Je ne connais pas cette musique, mais elle entre dans mon corps comme par intraveineuse. J'assimile chaque son de contrebasse, de batterie et de piano, je saisis le propos, j'accompagne le discours, je m'exprime. C'est une « révolution » pour moi.

Ironie du sort, à la fin de ce morceau, qui sonne aussi la fin du concert, Archie Shepp fait signe au public de m'applaudir, et le public se montre beaucoup plus accueillant que lors de ma première intervention. Archie redonne mon nom : « Ibraham Faamoul » (*sic*).

Après le concert, je suis allé lui serrer la main. Il m'a dit cette phrase que je n'oublierai jamais : « C'était très étonnant ton solo dans le premier morceau ! » Archie Shepp ne m'avait pas jugé. Il avait entendu. Il n'était pas idiot. Des « petits musiciens » de 20 ans comme moi, et des trompettistes de surcroît, il en avait croisé par centaines. Alors pourquoi cette tolérance ? Pourquoi ne pas me dire d'emblée que je m'étais planté royalement ? Avec le recul, je pense avoir compris. Ce virtuose du *free jazz* avait beau avoir joué avec Cecil Taylor, Chet Baker, Frank Zappa,

John Coltrane, Don Cherry et tant d'autres, il avait laissé la porte ouverte. Il m'avait redonné une chance. Chance que j'ai saisie de tout mon corps et de tout mon cœur.

Quelques mois plus tard, en concert à Beyrouth avec un autre quartet, Archie Shepp m'a invité de nouveau à jouer avec lui. Cette fois, j'étais prêt. Quoi que puisse être la proposition. La morale de cette histoire est simple. Une improvisation n'est pas nécessairement une démonstration de virtuosité, ni un son nécessairement beau, ni une compétition. C'est simplement un moment à vivre et un dialogue.

Sans rien remettre en cause du respect que j'ai pour nombre de grands musiciens et professeurs de musique classique, j'ai la conviction que certains d'entre eux se trompent quand ils utilisent leur position d'autorité ou de notoriété pour exclure, mépriser ou diviser. Lorsque j'étais étudiant au conservatoire, j'ai dû faire face à ce manque d'humilité, de souplesse et d'ouverture d'esprit. Je ne m'attendais pas à autant de conservatisme.

Il y avait bien une classe dite « d'improvisation générative » au Conservatoire national supérieur de musique de Paris. Très belle tentative d'ouverture vers la discipline. Mais pour avoir suivi les cours quelques mois, je me suis vite rendu compte qu'il s'agissait plus de réflexions autour de la musique abstraite, atonale, arythmique et conceptuelle, que de véritable recherche d'harmonie. Très déçu, j'en avais parlé au professeur, en lui demandant pourquoi, dès qu'on jouait une mélodie que l'on trouvait agréable, il nous encourageait nécessairement à la dénaturer pour en faire des bruits. Il m'invita à ne plus revenir à ses cours. Je m'étais promis un jour de créer une véritable classe d'improvisation classique, dénuée de tout concept abstrait.

À mon grand regret, j'ai également rencontré cette réticence dans le monde du jazz. Je ne peux m'empêcher de me rappeler que, en 2013, nous étions deux trompettistes à gagner les deux prix les plus importants lors des Victoires du jazz. Malheureusement, l'autre musicien n'a pas du tout apprécié d'être récompensé au même titre que moi, puisqu'il ne me considère pas comme un jazzman « légitime », étant donné que je ne suis pas issu de la culture jazz. Quelques minutes après la cérémonie, ce musicien reconnu pour son talent dans le monde du jazz a craché sur une photo de moi, puis a publié cette photo souillée sur les réseaux sociaux. Avec ce commentaire : « Et voilà. » Ce post semblait rendre justice.

Encore une fois, j'ai constaté les ravages provoqués par la peur de l'autre. Celle-ci est souvent liée, hélas, à notre propre manque de confiance en nous, à notre propre fragilité. On se referme comme une huître, on se barricade derrière les étendards de ce qu'on croit être notre identité, mais qui n'est autre chose qu'un mélange de plusieurs cultures, de plusieurs influences. Toute culture qui a subsisté dans le temps est, en effet, une culture qui s'est renouvelée, qui a absorbé diverses influences, pour s'enrichir, s'adapter et se renforcer.

Prenons l'exemple merveilleux de la cuisine. On hérite des vieilles recettes de nos parents, de nos grands-parents. Transmission du goût, la cuisine nous renvoie à la convivialité des repas de famille, des souvenirs. La cuisine, c'est notre mémoire vue par le prisme de nos papilles. Ce legs est essentiel, fondamental. Mais n'est-il pas intéressant de prolonger l'aventure culinaire, gustative de nos ancêtres en ajoutant nous aussi notre grain de sel, nos astuces, une épice ou en remplaçant un aliment par un autre ? On n'honore pas moins nos ancêtres en revisitant leurs recettes. Au contraire. Si on apporte un peu de nouveauté dans les plats de nos parents, on stimule nos sens, on fait place à l'amusement, à la créativité, tout en préservant l'essentiel, la mélodie principale. L'arrangement qui l'accompagne évolue et s'adapte à son époque. Les plus grands chefs improvisent en cuisine, c'est l'essence de leur art. Je pense à Pierre Gagnaire, Mory Sacko ou Manon Fleury. Ils utilisent très souvent les recettes de leurs grands-mères et les réactualisent, les allègent ou les rendent plus végétariennes, ils y introduisent des épices nouvelles, plus faciles d'accès aujourd'hui… Une façon de moderniser la recette et de la personnaliser. L'idée n'est pas de dénaturer mais de faire évoluer notre art avec respect et inventivité.

Je dis souvent à mes élèves que, si Mozart ou Bach nous rendaient visite aujourd'hui et qu'ils se rendaient compte qu'on cherche inlassablement à jouer Mozart ou Bach comme à leur époque, ils risqueraient de nous dire : « Mais c'est fou ! Vous n'avez donc aucune imagination ! Vous jouez encore cette musique comme il y a trois ou quatre siècles ? »

3

Créer, enseigner et jouer

L'improvisation est une pratique de l'autodidactie. *A contrario*, le conservatoire considère le solfège comme la base de tout apprentissage musical. Chose éminemment fausse. Si fréquenter le conservatoire et apprendre le solfège sont des opportunités extraordinaires, il ne devrait pas s'agir de la seule voie d'apprentissage de la musique. On devrait avoir le droit d'apprendre à jouer d'un instrument de musique sans l'obligation d'étudier le solfège. Et inversement ! Pourquoi rendre ces apprentissages ainsi contraignants alors qu'ils ne devraient être qu'épanouissants ? La musique est avant tout un jeu, un plaisir, un moyen de s'exprimer aussi. Si le partage artistique devient une passion, nos enfants auront nécessairement envie d'en savoir plus ! On ne peut pas nourrir de force un enfant en lui expliquant que, s'il ne mange pas, il ne grandira pas. Il faut lui donner envie de grandir et faire en sorte que manger soit un plaisir. En se cultivant, il apprendra à reconnaître les saveurs, éventuellement à cuisiner, puis à choisir les aliments les plus sains pour son corps. La musique, comme l'art, est la nourriture de l'âme. Elle fonctionne de la même façon.

Si le but est de jouer du jazz comme il se jouait dans les années soixante, ou bien de reproduire du Manet en imitant Manet, tout va bien. Nous sommes d'accord : le musée et le conservatoire sont les lieux adéquats. Mais pour chercher, se renouveler, créer, innover, on risque de se sentir un peu à l'étroit. Il doit y avoir une autre proposition pédagogique qui permette ces recherches-là.

Ce fut mon cas. Au Conservatoire national supérieur de Paris, j'étais à la fois heureux de me trouver au plus haut niveau technique possible mais triste de ne pas pouvoir libérer mon imagination. Dans cet établissement, j'ai rencontré tous types de réactions à mon travail. Certains professeurs considéraient qu'ils n'avaient plus rien à m'apprendre et le disaient sans se soucier de l'effet désastreux que cela pouvait avoir sur moi. J'étais dans une impasse. D'autres professeurs croyaient que je me moquais d'eux si je n'arrivais pas à faire un exercice. Je me souviens de cette professeure de piano qui m'a exclu définitivement de son cours parce qu'elle pensait que je faisais exprès de mal jouer. La vérité est que, lors du premier cours de l'année, elle nous avait demandé de jouer pour évaluer notre niveau et j'avais joué une composition que je maîtrisais parfaitement. Je m'étais beaucoup préparé pour cette première séance. Mais lorsqu'elle me donnait des partitions beaucoup plus simples à déchiffrer et à jouer, je n'y arrivais pas, étant complètement autodidacte. J'avais beau lui expliquer que je n'avais jamais pris de cours de ma vie, elle ne me croyait pas. Au bout de trois semaines, elle m'a renvoyé du cours alors que je m'étais inscrit à ce cours justement pour qu'elle m'apprenne ce que je ne savais pas faire.

J'ai donc fait fausse route dans ce conservatoire. Ni la pédagogie ni l'état d'esprit ne me correspondaient. Je ne voyais pas mon métier ni mon art de cette façon-là. D'un côté, j'étais assez doué à la trompette grâce à la formation de mon père, et désirais qu'on m'aide à créer de nouvelles choses à partir de cette technicité, à aller plus loin dans la créativité. De l'autre, j'inventais de la musique au piano, mais devais me perfectionner techniquement. Ni l'un ni l'autre de ces deux chemins ne m'a été proposé. Le véritable atout que cela m'a apporté fut d'apprendre la musique de chambre, et évidemment le prestige de l'établissement qui reste, à travers le monde, l'une des meilleures écoles du métier de musicien.

Finalement, qu'il s'agisse de musique, d'architecture, de science, de littérature, de danse ou de peinture, les véritables révolutions artistiques ont su intégrer dans leur art différentes origines et différentes façons de faire. Elles ne sont pas restées figées dans le temps, dans un dogme et des codes. Mettre en lumière cette diversité des cultures et des points de vue est ma manière de voir le monde, de l'habiter, de participer à son amélioration. Le manque de popularité de la musique classique aujourd'hui m'attriste. Il suffit de compter combien d'orchestres mettent la clé sous la porte chaque année, combien d'élèves abandonnent le conservatoire, combien de professeurs perdent des heures de cours, combien la musique classique est devenue dépendante des subventions, voire parfois entièrement subventionnée. Et pourtant, une solution existe. Certes, elle va chambouler beaucoup d'habitudes.

Comment inventer de nouvelles idées pour faire vivre le répertoire de musique classique ? Si de magnifiques initiatives ont été développées depuis quelques années, en particulier dans le domaine de la musique baroque et contemporaine, telles que des orchestres et chœurs spécialisés, très dynamiques et qui ont réussi à fidéliser un public averti, il n'a cependant échappé à personne que la popularité de la musique classique est loin d'être à la hauteur de sa qualité musicale.

Par ailleurs, il est intéressant de noter que seule une infime minorité de compositeurs dits « contemporains » sont eux-mêmes musiciens de haut niveau. La plupart sont formés en écriture et non en interprétation. Aussi, leur approche de la composition musicale est très académique, scientifique et élitiste. De plus, ils ne fréquentent que rarement les instrumentistes. Dans le département « écriture et composition » des conservatoires, on parle de dodécaphonisme, de musique sérielle, d'écritures conceptuelles, etc. Autant d'écoles complètement hermétiques à toute forme de beauté esthétique.

Cette école passionnante doit exister, car elle stimule l'imagination et repousse les limites. Simplement, elle ne peut pas être la seule option de renouvellement de la musique classique comme c'est actuellement le cas ! La musique classique doit pouvoir évoluer et se renouveler via la pratique instrumentale populaire, comme elle l'a toujours fait dans son histoire, et donc à travers d'autres codes que ceux créés par les compositeurs, et enseignés par des compositeurs à des compositeurs !

Rappelons-nous qu'avant la Révolution française tous les musiciens, même ceux que l'on dit « classiques », étaient des improvisateurs. Bach, Beethoven, Mozart, Haydn, Schubert improvisaient ! Pourquoi cette pratique a-t-elle disparu de la musique classique ? Seuls les organistes continuent d'improviser pour des raisons techniques. On leur demande d'improviser entre ou pendant les offices ou les messes. Dans toutes les autres disciplines instrumentales, l'improvisation a disparu au profit d'une étude beaucoup plus approfondie des œuvres de référence, de l'écriture, du contrepoint, de la fugue, de la musique d'ensemble et, bien entendu, de la technique instrumentale.

Cette disparition correspond à l'époque où l'écriture de partitions se perfectionne et devient plus complexe. Mais souvenons-nous que, avant le développement des partitions, la musique était transmise oralement. Le mode d'apprentissage était donc beaucoup plus inclusif. Chacun réinterprétait un air à sa façon. Rien n'était figé. Et d'année en année les idées se modifiaient, les harmonies se transformaient, les mélodies évoluaient.

L'une des personnes qui m'a le plus encouragé lorsque j'étais jeune à improviser et inventer ma propre musique était l'organiste titulaire de l'Oratoire du Louvre à Paris, Marie-Louise Girod. Une vieille dame d'une gentillesse et d'une patience incroyables. Elle m'aimait beaucoup, et lorsque j'avais 8 ans, 9 ans, 10 ans, et qu'elle nous invitait mon père et moi à jouer pendant les offices religieux, ou lors de concerts en duo, elle me parlait toujours de la nécessité d'improviser pour devenir un bon musicien. Parfois, elle me disait : « Allez, viens, essaie de jouer avec moi. » Et elle se lançait dans une improvisation, entre deux offices du pasteur. Elle m'encourageait à inventer. Elle me faisait confiance. Cette grande organiste, l'une des plus grandes musiciennes de cet instrument, mariée à l'un des plus éminents archéologues de l'Histoire, André Parrot, avait malgré son grand âge gardé toute sa fraîcheur créative et sa jeunesse d'esprit. L'improvisation était toute sa vie.

Autrefois, tous les apprentis musiciens apprenaient à la fois à chanter, jouer, improviser et composer. Au XVIIIe siècle, la formation s'est institutionnalisée via les conservatoires, c'est-à-dire des écoles publiques, notamment pour encourager les classes populaires à jouer dans les fanfares et valoriser ainsi le sentiment d'appartenance à la toute nouvelle République française. On a séparé les cours de chant, de musique, de composition et de direction d'orchestre afin de spécialiser les élèves et les rendre plus performants. On a ainsi fait disparaître l'improvisation. Cette disparition correspond à l'émergence des valeurs industrielles, qui donnent la priorité à la productivité et à l'efficacité. L'expérience humaine n'est plus à la mode. Vers la fin du XIXe siècle, on a vu naître la spécialisation en composition dans les conservatoires. Des personnages se sont intéressés à un aspect scientifique et mathématique de la musique. C'est ce qu'on appelle la Seconde École de Vienne. La musique classique contemporaine, très écrite, évoquée précédemment, est le fruit de cette école en partie. Elle a produit de grands artistes, surtout des spécialistes de l'écriture, dont peu ont véritablement joué d'un instrument de musique.

Puis d'autres passionnés et chercheurs, non-musiciens, tels que Iannis Xenakis (architecte et ingénieur), ont développé l'école de musique contemporaine dont je suis issu en théorie, et que les conservatoires du monde entier considèrent comme les maîtres de la composition.

Vers le milieu des années 2000, j'ai fait partie d'un orchestre semi-professionnel qui réalisait parfois des créations et jouait de grands classiques. Une année, une commande a été passée à un compositeur dont je tairai le nom, pour deux trompettes, un trombone et bande sonore. Nous avions répété et travaillé consciencieusement cette pièce avec mon collègue trompettiste. Nos parties étant sensiblement similaires, une sorte d'unisson perpétuel, la même note, donc jouée sur une dizaine de pages, avec des arrêts et redémarrages incessants, nous espérions évidemment que la partie de trombone et la bande sonore donnent du sens à la pièce. Le jour de la répétition avec le trombone, nous avons hélas constaté que le trombone jouait la même note que nous, à la même tessiture. Le jour de la création, en plein concert, après avoir joué les huit premières pages, nous avons réalisé avec mon collègue trompettiste que les deux dernières partitions étaient restées dans nos loges. Seule solution, improviser. Quelle ne fut notre surprise lorsque le compositeur est venu nous féliciter, et nous dire qu'il avait adoré notre interprétation, en particulier la fin ! En réalité, cette pièce n'était pas composée pour être belle. C'était une expérience autour des battements de fréquences. À quelques « comas » près, les unissons créent des superpositions de fréquence très proches les unes des autres, et cette proximité génère des « battements ». Toute la pièce reposait sur ce concept, très intéressant pour des initiés mais pas pour le grand public.

Voici un autre exemple marquant. Étudiant au Conservatoire national supérieur de musique de Paris, j'ai participé à un hommage à Iannis Xenakis. Je ne me souviens plus du nom de l'œuvre, mais je me rappelle que la partie de trompette était injouable. Trop de notes, trop d'altérations, trop de changements de tessiture. Comment faire ? La femme de Iannis Xenakis a assisté à la répétition générale. En voyant combien je m'échinais à jouer, elle s'est approchée de moi et m'a glissé cette phrase à l'oreille, avec un clin d'œil : « Ne vous inquiétez pas. Mon mari s'en fichait que les musiciens jouent les notes qu'il écrivait. » Puis elle est repartie s'asseoir. Cette phrase m'a énormément surpris et soulagé. Je ne m'y attendais pas, alors que c'était évident. Il ne fallait pas chercher à jouer toutes les notes, mais à créer un « effet » sonore. C'était intéressant, mais là encore ce n'est pas le type de pièce d'où l'on sort en se disant : « Oh, j'ai adoré la mélodie, ça m'a touché ! » On écoute davantage un concept, une science.

Nous avons éloigné l'écriture de la pratique. Nous avons créé des logiques d'écritures passionnantes, qui ne plaisent qu'à ceux qui les écrivent, et à ceux qui les jouent. Je peux le dire sans animosité, car j'en fais partie aussi. J'aime écrire ces pièces qui n'ont d'autre objectif que chercher. Le problème est que nous avons basé tout l'enseignement musical classique, et misé toutes nos énergies créatrices, sur cette école, sans nous apercevoir que l'on s'éloignait de la réalité et de la sensibilité du public. Ce dernier ne se sent plus concerné. On l'a perdu. La musique tonale est devenue pour les spécialistes une sorte de distraction dénuée de tout intérêt musicologique et anthropologique, un art éventuellement illustratif, nostalgique ou historique. On a érigé l'atonalité, l'arythmie et le concept en vérités suprêmes, en science, en mathématique des sons et des bruits, en forme expérimentale.

Je pense que nous avons atteint les limites du lien entre l'enseignement de la musique et cette école. Il ne s'agit pas de renier tout ce qui a été acquis pendant ces décennies de recherches. Bien au contraire. Servons-nous de ces acquis, gardons ce qui est à garder, et créons une nouvelle école. Non pas consensuelle, comme certains le prétendent lorsqu'ils veulent critiquer ce point de vue, mais plus proche de la sensibilité du public, tout en restant exigeante. L'un n'empêche pas l'autre. Qui est le public ? Nos familles, nos amis, nos collègues, nos enfants, etc. Et de plus en plus, au-delà des frontières et grâce à Internet, un public qui nous ouvre à bien d'autres cultures. Il est temps de prendre en considération tous ces éléments et de ne pas avoir peur d'aller vers d'autres chemins. Si Pierre Boulez et son école ont profité largement de l'élan de leurs prédécesseurs et réussi à installer durablement une école rayonnante de créativité à travers le monde, il est temps que nous fassions de même avec ce qui fera l'identité de notre époque. C'est-à-dire une certaine notion de la liberté multiculturelle, de l'expression personnelle consciente de son environnement, consciente qu'elle n'est pas seule. Ni sur scène, ni sur terre. D'autant que cette multiculturalité est actuellement mise en danger par une vision du monde beaucoup plus sectaire et exclusive.

Je rêve qu'enfin notre éducation musicale soit basée sur la notion de « rencontre ». L'improvisation engendre la rencontre, car elle est l'origine de tout chemin nouveau. Tous les styles de musiques existants ou ayant existé dans l'Histoire sont le résultat d'une recherche née dans l'improvisation.

Attention, je ne parle pas uniquement d'une grille à partir de laquelle le musicien crée, ou de jam où l'on reprend des tubes sans partitions et où on joue à l'oreille ces grands succès, comme dans les clubs après les concerts ou dans les bars, sans se soucier des structures ni des tonalités. Je ne parle pas de ces incantations qui précèdent un chant baroque ou classique. Je ne parle pas non plus de *soundpainting* ou de toutes ces autres initiatives conceptuelles où un orchestre se met à improviser sur des bases structurelles proposées au préalable. Tous ces exemples que je cite sont souvent utilisés pour justifier que l'improvisation est déjà pratiquée dans la musique classique. Mais l'improvisation ne se limite pas à cela. L'improvisation vient aussi du *free style*, des *battles*, de Mozart, du rap, du *negro spiritual*, ou de ces musiciens qui se réunissaient déjà pour improviser en public dans les salons du XVIIIe siècle. Je parle de Jimi Hendrix à Woodstock en 1969. Je parle de Charlie Parker au Reno Club de Kansas City. Je parle de ce que font tous ces artistes qui sont improvisateurs, chercheurs, précurseurs. Des empêcheurs de tourner en rond, de vrais inventeurs.

J'ai eu l'occasion d'enseigner à plusieurs reprises aux États-Unis en tant que professeur invité et j'ai remarqué de nombreuses similitudes dans les pédagogies. Mais il y a une différence notable : la créativité y est beaucoup plus valorisée qu'en France. Les Américains ont même inventé le mot *serendipity*, en français « sérendipité », un anglicisme dans la mesure où il n'existe pas de terme français. Il s'agit de la capacité de faire, par hasard ou par sagacité, une découverte inattendue et d'en mesurer la valeur, d'en saisir la chance d'une certaine manière. La recherche scientifique et l'improvisation musicale peuvent être complètement associées à cette définition.

Il m'a fallu du temps avant de comprendre ma chance d'être autodidacte parallèlement à mes études dans le système rigide du conservatoire – plus précisément dans l'école des cuivres et trompettes, un milieu particulièrement conservateur et misogyne, même si la situation s'améliore petit à petit. Au début, je détestais ce son, fort, cuivré, arrogant. Je ne me reconnaissais pas dans le manque de souplesse et d'ouverture d'esprit de l'enseignement classique. Mais je continuais, pour être aux côtés de mon père et ne pas le décevoir. À 17 ans, j'ai commencé à donner des cours à mon tour, et j'ai reproduit sans réfléchir l'enseignement reçu. Un élève se trompait, je lui disais : « Tu recommences », *ad nauseam*, jusqu'à produire un son parfait. Cela a duré ainsi plusieurs années. J'ai ensuite pris le poste de professeur au conservatoire de Viry-Châtillon, j'avais quelques élèves que j'ai suivis pendant plusieurs années. Je me souviens d'une de ces élèves, Éléonore. Elle venait d'avoir 6 ans et avait demandé à ses parents de prendre des cours de trompette.

C'était la première fois que j'enseignais à une élève qui n'avait jamais joué de trompette de sa vie. J'avais une responsabilité immense face à cette enfant. Je me suis dit : « Est-ce que je vais vraiment lui enseigner la trompette comme on me l'a enseignée ? » J'ai eu une sorte de révélation. Au lieu de lui apprendre à jouer, j'ai décidé que j'allais avant tout lui faire aimer cet instrument. J'ai changé complètement ma pédagogie pour qu'elle devienne une élève épanouie et aimant la musique, et non pas nécessairement une grande trompettiste virtuose qui enchaînera les concerts. J'ai donné la priorité au plaisir de jouer plutôt qu'à l'esprit de compétition, aux examens, et autres délices de la sélection par concours.

Par la suite, j'ai enseigné six ans au conservatoire à rayonnement régional (CRR) d'Aubervilliers, qui était en fait un tremplin pour intégrer celui de Paris, la trompette y était enseignée de manière à pousser les élèves à devenir des musiciens extrêmement performants. La musique était presque secondaire. L'essentiel était de ne pas se tromper, de ne pas faire de canard, de ne pas jouer faux, de ne pas trahir la tradition. En somme, tout sauf du plaisir. À en dégoûter les étudiants de jouer de cet instrument. J'étais contraint de respecter le programme, sans grande conviction. Par désobéissance naturelle, je les faisais aussi travailler à ma façon. Régulièrement, on me faisait remarquer que ma pédagogie n'était pas celle recommandée dans ce conservatoire. En même temps, je découvrais que 85 % des enfants inscrits en première année d'étude abandonnaient en deuxième année... Pour arriver à mes cours, il leur fallait encore une bonne dizaine d'années. On était loin du compte. J'ai fini par démissionner, écœuré par la reproduction de ce système si éloigné de ma réalité et de ma définition de la musique – un plaisir, un jeu, une pédagogie joyeuse et saine.

En démissionnant, j'ai renoué avec l'idée de créer une classe d'improvisation. J'ai alors proposé à mon ancien directeur du conservatoire à rayonnement régional de Paris, dans le cadre du Pôle supérieur Paris-Boulogne, de créer une classe d'improvisation dédiée uniquement aux élèves de musique classique, tous instruments confondus. Par bonheur, ma demande a été acceptée. Une expérience absolument fabuleuse qui me pousse quelques années plus tard à créer le premier orchestre classique au monde spécialisé dans l'improvisation. Un projet dont je suis extrêmement fier et qui a un avenir certain, et dont j'évoquerai les détails vers la fin de ce livre. Au-delà du projet de l'orchestre lui-même, c'est un espoir de voir cette culture musicale revivre, et séduire de nouveau un public plus jeune, plus vivant, développer une créativité de très haut niveau mais accessible à tous. La musique classique doit retrouver cette popularité historique perdue en un siècle et demi de musiques savantes. Et cet orchestre se veut précurseur de cette démarche.

Je suis loin d'être le premier et le seul à prêcher pour l'improvisation et la démarche autodidacte. Cela fait des décennies que les projets et propositions fusent un peu partout en Europe, aux États-Unis, en Australie, au Canada… Mais toutes ces initiatives géniales n'ont pas l'aura ni l'écoute médiatique qu'elles méritent, et ce pour une raison simple : elles ne sont pas dans le « sillon ». Je crois qu'il est temps d'inverser les tendances. L'improvisation ne s'enseigne pas, mais elle s'apprend. Alors apprenons maintenant à improviser. Tout le monde peut le faire. Les professeurs comme les élèves. On ne s'improvise pas improvisateur, et encore moins professeur d'improvisation ! Mais il y a des techniques accessibles à tous à développer.

4

« Faites ce que vous voulez ! »

Lorsque je commence mes cours d'improvisation, j'explique à mes élèves que je ne serai pas dans la posture du professeur traditionnel. Je n'exercerai pas mon autorité, je n'étalerai pas mon érudition. Cela ne m'intéresse pas. Je suis là pour partager un moment avec eux, un moment de joie, d'émotion, de musique. Je fais donc abstraction de ma position *a priori* dominante pour m'associer à la recherche de la classe. Pendant toute la durée du cours, je stimule leurs identités, et je les encourage à le faire en groupe. En anglais, nous dirions que je les « coache ». Je m'intéresse à l'esprit de groupe, qui est souvent un vecteur extraordinaire de créativité. Pour cela, je valorise les spécificités, les aptitudes de chacun. Je les encourage à être attentionnés et bienveillants les uns avec les autres, j'essaie de les aider à mettre des mots sur leurs émotions après chaque improvisation. Chacun s'exprimera en son nom, mais au service de l'ensemble. Parler n'est pas quelque chose d'habituel dans la musique classique.

Chaque début d'année, j'ai l'habitude de dire à mes élèves cette toute petite phrase qui résume absolument toute ma philosophie de l'improvisation : « Faites ce que vous voulez ! » Certains se mettent à rire, d'autres se demandent si je ne suis pas en train de me moquer d'eux. Depuis qu'ils sont petits, dans les écoles de musique, les conservatoires, les professeurs leur ont expliqué quoi faire, comment le faire et ce qu'il ne faut pas faire. D'année en année, ces élèves ont évidemment progressé, mais se sont souvent enfermés dans une série incroyable de certitudes quant à leurs capacités (ou incapacités d'ailleurs), ce qui est autorisé dans l'univers de la musique et, dans le pire des cas, sur les limites que la supposée « nature » leur a infligées. Qui n'a jamais entendu un professeur dire à des parents, voire à l'élève lui-même, qu'il est naturellement « doué » (ou pas) pour telle discipline ?

Un jour, un professeur de trompette du conservatoire m'a dit : « Tu sais, Ibrahim, c'est normal que tu ne puisses pas jouer Haydn, ce n'est pas ta culture. » Si je l'avais cru et écouté, je ne serais pas devenu musicien. Par chance, j'ai réussi à ce moment de ma vie à mettre ses propos à distance, à m'autoriser un esprit critique et à ne pas prendre ces mots comme une attaque personnelle. Heureusement, ce genre de remarque tend à disparaître dans l'enseignement. Cependant, les conservatoires continuent d'enseigner la musique en s'attachant à la rigueur du jeu et de la performance tout en oubliant trop souvent de stimuler parallèlement la créativité et le plaisir de l'élève. Pas de place à l'erreur, à la recherche, à l'originalité. Aussi, lorsque mes élèves, véritables survivants de ce système, arrivent au conservatoire pour obtenir leur diplôme et en faire leur métier, il me semble essentiel de leur offrir la possibilité de découvrir d'autres chemins.

Nous n'aurions pas besoin de suivre des cours d'improvisation dans les conservatoires si nous avions été habitués à improviser dès notre plus jeune âge. En effet, improviser est uniquement une question de pratique. Le problème vient d'un manque de liberté. L'immense majorité de mes élèves sont très, très loin d'être libres. Pourtant, ils portent cette liberté en eux depuis toujours. Ils savent même l'utiliser dans de nombreux autres domaines. Mais lorsqu'ils doivent s'exprimer dans le langage qu'ils cherchent à maîtriser le mieux, la musique qui va devenir leur métier, ils ne savent plus user de cette liberté. Quel paradoxe ! Je remarque tristement que certains finissent par intégrer cette position d'exécutant. Beaucoup sont même convaincus que les codes enseignés représentent leur liberté. Il est extrêmement difficile de tenter de convaincre des musiciens professionnels qu'ils pourraient aller beaucoup plus loin dans l'expression de leur personnalité à travers leur art.

Je me souviens avoir effectué une résidence de deux ans avec l'Orchestre de Bretagne. L'objectif était de réussir à faire improviser l'orchestre. Si la majorité de l'orchestre était enthousiaste, il y avait néanmoins dans le groupe quelques récalcitrants. Rien d'anormal. Parmi eux, un jeune homme, très bon violoniste, m'a un jour fait cette remarque devant tout l'orchestre : « Moi, je suis payé pour jouer des partitions. » Cette défiance tout à fait légitime résume bien l'état d'esprit dans lequel sont plongés des dizaines de milliers d'étudiants dans les conservatoires. Après plusieurs années d'études, il arrive souvent qu'ils ne trouvent pas de travail, et peinent à faire vivre cette culture qu'ils adorent. Au lieu d'innover, de chercher de nouvelles idées, ils se cantonnent à défendre le répertoire, l'histoire et la culture classique, comme on leur a toujours appris à faire.

C'est pourquoi mes cours d'improvisation ressemblent à des discussions où chacun apprend à se libérer de toutes ces règles. Ce sont des cours de liberté. Et j'ai l'audace de croire qu'ils devraient être adaptés à tous les apprentissages, pas seulement à la musique classique. Mais je développerai cette réflexion dans la dernière partie de ce livre. D'ailleurs, il existe dans d'autres types de conservatoires, en particulier d'art dramatique, des cours dédiés à l'improvisation. Et l'improvisation dans le domaine du théâtre est une véritable institution.

Il ne s'agit pas de faire un éloge béat de l'improvisation et de rejeter en bloc l'apprentissage académique. Ces deux apprentissages sont parfaitement complémentaires à mes yeux et indispensables, indissociables l'un de l'autre.

Étant moi-même le fruit de l'enseignement des conservatoires, je sais tout ce que j'y ai appris et l'immense respect que j'ai pour le répertoire. Je défends l'improvisation dans la musique aujourd'hui parce qu'elle est négligée. Mais si la musique et son enseignement n'étaient qu'improvisation, je serais un fervent militant des conservatoires et de l'enseignement du répertoire !

Je crois que l'école a une double mission qu'il faut endosser : l'apprentissage et la réalisation de soi. Dans cette perspective, il me semble important que, parallèlement aux matières traditionnelles, on développe des heures d'improvisation. C'est une façon de valoriser d'autres formes d'intelligences que l'intelligence cognitive, surestimée à l'école, et de développer la confiance en soi. Faciliter la prise de parole en public, exprimer ses positions, développer l'esprit critique, s'écouter les uns les autres, respecter la liberté d'autrui, faire des choix, en fonction de ce qui nous convient le mieux et de ce qui convient au groupe. Combien parmi nous regrettent de ne pas avoir étudié telle ou telle matière ? Combien parmi nous font un métier qui n'a rien à voir avec ce dont ils rêvaient enfants ? Pourquoi tant de personnes ont-elles dû renoncer à leurs rêves ? Nos sociétés souffrent en partie de ces maux, et doivent se remettre en question. L'enseignement de la musique est un domaine parmi d'autres qui gagnerait à se réformer pour survivre. Il ne s'agit pas forcément d'une révolution, mais d'une prise de conscience et d'une action qui ne peuvent venir que de l'intérieur, c'est-à-dire des professeurs et des élèves. Sans cette volonté, personne n'osera toucher à ces institutions séculaires.

Lorsque je lance ma phrase fétiche « Faites ce que vous voulez ! » à mes étudiants et que je vais ensuite m'asseoir pour les observer, ils ont deux possibilités : jouer ou se taire. Lors de cette toute première improvisation, parfois, ils se mettent à jouer tous en même temps, dans une sorte de cacophonie qui aboutit à un silence abrupt, non maîtrisé. Parfois, ils sont paralysés, et personne n'ose commencer. Alors même qu'on leur donne la chance de s'exprimer librement, et alors qu'ils ont peu d'autres lieux où le faire, ils se taisent. Ne leur a-t-on pas répété à l'école que, si ce qu'ils ont à dire n'est pas plus important que le silence, alors il vaut mieux qu'ils se taisent ? Ceux qui finissent par oser se lancer récitent parfois un morceau appris par cœur (puisqu'il n'y a pas de partition). Parfois, ils improvisent du jazz alors que ce n'est pas du tout leur langage, mais simplement parce qu'ils n'associent pas la musique classique à l'improvisation. De façon générale, improviser n'est pas du tout évident pour la plupart des élèves, quand bien même ils sont pleins de bonne volonté. Je les encourage alors à inventer le langage qu'ils veulent, même s'il est dépourvu de sens. Leur premier réflexe est d'aller chercher des sons qu'ils connaissent déjà, de les mélanger avec une trame qu'ils connaissent un peu, et d'associer cela à des idées qui ne leur ressemblent pas du tout. En réalité, ils ne savent pas encore quelle est leur identité musicale, artistique, ce que leur être profond, intime serait capable de produire et d'inventer s'ils se libéraient totalement.

Avant d'entamer une seconde improvisation, nous dialoguons, je leur demande ce qu'ils ont pensé de la première. Certains n'y voient aucune utilité. D'autres parlent de frustration. Certains avouent avoir essayé de jouer quelque chose, mais ne se sont pas sentis écoutés. D'autres confient qu'ils n'ont pas pu s'exprimer. D'autres encore disent être très contents de leur improvisation. Finalement, une mini-société a fait du bruit, des sons, en se coupant la parole en permanence, sans réussir véritablement à échanger ni à générer une expression collective. Des personnalités se sont exprimées, parfois maladroitement, parfois avec beaucoup de pudeur. Mais l'incompréhension est générale et unanime. Tout à fait à l'image des sociétés d'aujourd'hui, où règne une forme de satisfaction du soi et où la communauté passe au second plan. C'est un ensemble voué à imploser, où s'installeront nécessairement l'affrontement, l'incompréhension, l'adversité. Aucune chance de créer quoi que ce soit. Au mieux peut en naître une complaisance pour le désordre.

Cette première improvisation est donc un échec en termes de créativité. Une véritable cacophonie. L'anarchie sonore. Mais pour le chemin pédagogique et le travail en groupe, c'est une réussite absolue ! Rien de tel pour attaquer l'année ! Forts de cette expérience chaotique, les étudiants vont alors devoir prendre en considération tout ce qui a été dit, et tenter une seconde improvisation où ils vont dialoguer librement, mais en connaissance de cause.

Je leur propose de nouveau, à la suite de cet échange : « Eh bien maintenant, une fois encore, faites ce que vous voulez, tout en prenant en considération tout ce qui vient d'être dit. » Et je me rassois, je me fais discret. La seconde improvisation n'a rien à voir avec la première. Grâce à nos discussions, les élèves se sont confrontés à eux-mêmes et aux autres. Ils ne peuvent donc ni ignorer l'autre, ni s'effacer complètement. L'idée d'un groupe n'est plus d'être leader ou suiveur, mais de construire ensemble, à égalité, avec une envie de développer les liens de façon bienveillante, utile et solidaire. L'être humain est doué d'empathie innée. Dès la naissance, c'est ce qui le pousse à se rapprocher de sa mère, de sa fratrie alors qu'il ne les connaît pas. Lors de cette deuxième improvisation, chacun va donc réviser sa posture, reconsidérer son voisin, prendre conscience du volume sonore, se souvenir de ce qu'ont ressenti les autres. Aussi, naturellement, un mouvement va pousser les musiciens à associer leurs forces. Cette seconde tentative sera donc sensiblement plus construite. Et je continue ainsi tout au long de l'année à les encourager à improviser ensemble, puis à analyser ce qui s'est passé, puis à improviser à nouveau.

Lors des premiers cours, les jeunes ne se connaissent pas encore. Ils sont parfois timides ou fuyants. D'autres, au contraire, s'affirment et deviennent un peu écrasants pour leurs camarades. Ils sont conscients qu'une partie de leur avenir se joue. Ils se tâtent, se jaugent. S'appréhendent d'abord en potentiels concurrents. Souvent, la musique n'est pas une simple distraction pour eux, ni même leur futur métier. L'art a déjà pris une dimension plus puissante. C'est un moteur d'identification. C'est pour cette raison qu'il est nécessaire de faire preuve d'humilité face à l'inconnu, à l'imprévu. Pour créer, pour inventer, pour se trouver une identité d'artiste, il est nécessaire de déconstruire, de se perdre, d'être complètement largué, et chercher son chemin comme s'il s'agissait des premiers pas de notre vie. Désapprendre afin de mieux comprendre.

Ce processus est risqué, car l'entourage professionnel, amical, familial, n'est pas toujours bienveillant ni propice à ce genre de déconstruction de soi. Et l'artiste peut se perdre, parfois définitivement. La vie nous présente aussi des obstacles, l'adversité, la jalousie. Si personne ne nous encadre, si nous n'avons pas en nous-mêmes des fondations assez solides qui nous permettent de nous perdre sans craindre de ne pas retrouver un nouveau chemin, la déconstruction peut être fatale. Se perdre musicalement peut nous perdre professionnellement. Et donc socialement. Tout le monde n'est pas à l'aise avec l'extrême liberté. Beaucoup d'entre nous avons besoin d'un cadre, d'horaires, de routine. Or créer c'est se surprendre, s'étonner. Et la vie d'un créateur ne peut s'articuler qu'autour de ce sentiment d'inconfort, de nomadisme émotionnel. Cela ne signifie pas forcément que le créateur est en permanence dans une vie chaotique, mais il faut admettre qu'il va obligatoirement puiser dans la fragilité, la sienne et celle qui l'entoure. Cette vulnérabilité lui sert de moteur, qu'il s'agisse de la souffrance, de l'exil, de moments difficiles, de ruptures, de perte de travail, de misère sociale, ou simplement de perte de repères. À partir de cette situation de déséquilibre, l'artiste va se créer un nouvel équilibre. Ce nouveau chemin va l'amener à devenir quelqu'un d'autre, à faire évoluer son propos artistique.

Au début des années 2000, alors que je n'avais pas encore 20 ans et aucune expérience de la pédagogie, j'ai été recruté pour enseigner dans un collège d'Étampes, un établissement classé ZEP. L'un de mes élèves, Ahmed[1], était passé en conseil de discipline pour avoir gravement blessé un professeur. Il avait un parcours particulièrement difficile, avait perdu deux membres de sa famille dans un accident grave dont il avait été témoin. Dès le premier

1. Le nom a été changé.

cours, Ahmed s'est mis à appuyer sur tous les boutons du piano électrique situé dans la salle. Le volume au maximum. C'était un affront direct, public, sans dialogue possible. Comment réagir ? Une des élèves m'a chuchoté ces mots : « Laissez-le tranquille, monsieur. » Sans savoir pourquoi, j'ai fait confiance à cette voix. Impossible de donner mon cours. Je l'ai passé à réfléchir à ce que je devais faire devant le désarroi d'une bonne partie de la classe qui me regardait avec de grands yeux étonnés. Je ne voulais pas jouer la carte de la discipline et de l'intransigeance. J'avais envie de tenter autre chose.

Le cours suivant, je me suis approché d'Ahmed, toujours à plein volume sur le synthétiseur, et lui ai montré la note *do* à divers endroits du clavier. Le cours a continué dans un certain chaos, mais j'entendais les *do* revenir comme un leitmotiv. C'était plus organisé d'un point de vue sonore. Lors du troisième cours, je lui ai montré le principe de la gamme. *Do*, *ré*, *mi*, *fa*, *sol*, *la*, *si*, *do*. Et, pendant tout le cours, on a entendu Ahmed passer son temps à jouer, un peu moins fort, des gammes en montant et descendant sur le clavier. C'était déjà nettement plus agréable à l'oreille. Mais il restait difficile de se concentrer sur le cours. Cependant, le propos artistique (si l'on peut dire) d'Ahmed devenait de plus en plus musical. En milieu d'année, Ahmed avait accepté de baisser considérablement le son du synthétiseur et de me parler normalement. C'était déjà, en soi, une réussite importante. Il jouait alors sur le clavier de toutes petites mélodies, et en était très fier. La classe l'applaudissait ou le félicitait de temps en temps. Nous avons alors pu régulièrement pendant cette année chanter du rap, du gospel, de la chanson française, et Ahmed s'est finalement intégré à la classe au fur et à mesure que nos rapports se sont détendus. Celui qu'on m'avait désigné d'emblée comme un cancre et un cas social avait finalement improvisé tout au long de l'année et s'était approprié un instrument de musique. Sa démarche était naturelle, autodidacte, répétitive. Il passait son temps à chercher. Il avait au fond un besoin viscéral de s'exprimer. Cet apprentissage a été la clé de son intégration dans la classe, donc dans l'école, mais aussi de son expression.

Cette expérience m'a amené à réfléchir à l'évolution de notre système éducatif et pédagogique. J'ai la conviction que l'improvisation peut nous aider à traverser certaines phases de notre vie comme l'adolescence, ce moment charnière où l'on a envie de tout envoyer balader. J'ai ce sentiment fort que nous pouvons transformer notre besoin de rébellion, de transgression, de résistance, en créativité. Et donc améliorer ce qui nous déplaît par des idées nouvelles, et non par l'affrontement ou la violence. Nous traversons tous des moments où nous nous sentons frustrés, mal dans notre peau, incompris, énervés, violents. Souvent, par manque de dialogue, de compréhension, par inquiétude, par peur de décevoir, nous cherchons les limites, l'affrontement, la rupture. Cela fait partie du développement naturel d'un être humain. Mon idée est de remplacer ces éléments de rupture par des éléments de liaison. Et de se servir de cette même énergie pour créer. Créer et créer du lien. S'attarder sur nos points communs, plutôt que nous focaliser sur ce qui ne fonctionne pas.

L'improvisation artistique permet de déconstruire les codes, de transgresser les interdits, d'exposer sa souffrance, son mal-être et parfois sa violence. C'est un espace d'expression, comme le sport. Un espace de liberté et de rébellion incroyable dont on ne se sert pas assez à mon sens. L'improvisation nous aide à transformer et donc à gérer nos émotions en construisant un monde le temps d'une création. Cette création peut être vue comme une pierre, même infiniment petite, apportée à l'énorme édifice qu'on appelle l'Art et qui nous relie tous par le biais de nos émotions.

Pourquoi ne pas refonder l'enseignement musical sur, d'un côté, l'aspect théorique, traditionnel, que l'on connaît, avec le souci de l'exigence et de la perfection, et, de l'autre, une pratique libre et créative, plus émotionnelle, plus apte à pardonner l'erreur, plus disposée à composer avec ce qui est imparfait, plus humaine ?

Lorsque je lance à mes élèves « Faites ce que vous voulez ! », je cherche à associer la première impulsion de mon enseignement à l'esprit de liberté, de jeu, de plaisir.

Je veux qu'ils n'oublient jamais que « jouer de la musique » doit littéralement rester un espace de « jeu ». Je ne crois pas que l'on arrive à bien enseigner, ni à apprendre, avec des élèves tétanisés par la peur de mal jouer, par le stress et par l'anxiété de ne pas être à la hauteur. Cela ne veut pas dire que, dans un second temps, on ne va pas chercher à ajuster, à se perfectionner, à être exigeant. Je suis persuadé que l'enseignement sera d'autant plus efficace et profond s'il intègre ces moments d'improvisation, de liberté, de joie. Dans le jeu, on recherche l'épanouissement, le développement harmonieux, le bien-être des individus qui nous entourent et le nôtre. Grâce au jeu, on assimile plus vite, on apprend sans s'en rendre compte, et on ne craint plus de se tromper. Le jeu, en soi, c'est l'art de faire face à l'échec et de ne pas trop se prendre au sérieux, de rester humble.

III

L'improvisation comme thérapie

I

Écouter l'autre et faire confiance

Improviser à plusieurs ressemble à une discussion autour d'une table. Les idées musicales s'entrechoquent, le dialogue a lieu s'il y a une écoute. Pour prendre la parole, je dois attendre une approbation tacite du reste du groupe. Parfois, cela nécessite de me remettre en question, ou bien de me taire. L'enjeu est de toujours envisager la conversation comme une opportunité de nous trouver des points communs. Une véritable petite école personnalisée de diplomatie et de communication.

Dialoguer n'est malheureusement pas toujours l'option la plus naturelle ni la plus facile. Il nous arrive de nous retrouver dans des impasses. Dans ce cas, il faut savoir abandonner. Ces situations sans issue sont très rares. J'ai l'impression que nous baissons les bras plus souvent qu'il ne le faudrait. L'improvisation peut également nous servir dans ce cas – et j'ai découvert assez récemment que l'improvisation nous permet de faire appel aux codes appris par ailleurs. C'est en grande partie pour ces raisons que je ne les exclus surtout pas du système pédagogique. Non seulement il est intéressant culturellement de se former ainsi aux langages bien structurés et organisés qui ont fait leurs preuves, mais ceux-ci peuvent se révéler extrêmement utiles en improvisation. Plus on a assimilé de propositions qui ont été créées, jouées, enregistrées, peintes, dansées, filmées, pensées, plus on sait que les options sont riches et nombreuses. Cela peut nous souffler des idées, nous mettre le pied à l'étrier en quelque sorte.

Dans tous les cas, la démarche reste la même. Il s'agit de chercher des points communs, ce qui requiert de la patience et une grande écoute. Il est nécessaire de savoir jongler pour trouver un compromis avec l'autre, ses idées, soi-même aussi. Nombreux sont ceux et celles qui n'ont pas envie de rechercher des solutions complexes s'ils peuvent simplement interrompre la discussion, trancher ou se taire. La créativité, la souplesse d'esprit et l'écoute sont liées. Avoir un esprit libre, c'est envisager toutes les possibilités. Celles déjà empruntées, mais également celles qui n'existent pas encore. Celles qui font l'unanimité, mais aussi celles qui peuvent nous mettre dans l'embarras. Toujours dans le but d'améliorer les liens.

De la même façon qu'on peut se comprendre avec peu ou pas de mots, on peut créer de la musique avec un minimum de notes et beaucoup de silence. La complicité en sera d'autant plus forte. Le silence transmet paradoxalement beaucoup d'informations. Il est un véritable point commun culturel entre les musiques du monde entier. Trop de notes, trop de mots, trop de détails, risquent de brouiller le message. Miles Davis disait : « Pourquoi jouer tant de notes alors qu'il suffit de jouer les meilleures ? » L'objectif est de partager des émotions et un chemin de vie ensemble. Pendant mes voyages, je pratique souvent cet exercice étonnant de tenter d'échanger avec des personnes qui ne parlent pas la même langue que moi. On accorde plus d'importance aux expressions du visage, aux gestes, au corps. L'empathie nous pousse à sourire, à ouvrir les bras. Nous pouvons ainsi nous aimer, au sens de vouloir le bien de son prochain, instantanément.

Cherchons d'autres langages, observons et soyons attentifs à d'autres signes que ceux auxquels nous sommes habitués. Nous gagnerons à développer cette qualité d'écoute et de dialogue, cette interaction qui passe par tous les sens. Quand on improvise à plusieurs personnes, on construit un propos commun, on cherche ensemble des idées, on les développe, on tient compte des avis de chacun, des contre-propositions, des intérêts parfois divergents, des similitudes qui existent entre nous.

Si, dès la petite enfance, le jeune intègre que le groupe est une force et non un adversaire ou un concurrent, qu'il bénéficie d'une véritable écoute, que ses avis, idées et goûts ont de la valeur, alors il sera plus enclin à faire preuve de confiance en soi, en l'autre, et donc d'inventivité. De plus, s'il a été confronté très tôt à un environnement multiple, varié et néanmoins solide, sans compétition mais avec un projet commun, il saura envisager le rapport avec l'autre sans inquiétude. Il aura intégré que la différence n'engendre pas automatiquement la contradiction, mais qu'elle peut déboucher sur le compatible et le complémentaire. L'enfant devenu adulte aura acquis les facultés nécessaires d'adaptation à des environnements variables. Enfin, il aura l'habitude de la différence, et elle ne lui fera plus peur. Il ne sera pas figé dans ses certitudes.

Dans les sociétés actuelles, l'individualisme est érigé en modèle. Cela va du culte que l'on voue au *self-made-man* à l'autonomie favorisée par l'arrivée de l'Internet des réseaux sociaux, à l'idée que notre réussite ne dépend que de nous-mêmes. Le comble de notre époque réside dans ces photos que l'on fait de soi-même. Or il n'y a rien de plus heureux qu'un lien authentique, sincère, d'amour ou d'amitié. Notre force, c'est le lien, le groupe. Être ensemble. Un ensemble libre. J'aime cet adage selon lequel seul on avance plus vite, mais ensemble on avance plus loin.

En 2020, les frontières mondiales se sont fermées. Qui l'aurait imaginé ? Les êtres humains ont cessé brutalement de vivre ensemble. Nous n'avons plus eu le droit de voir nos parents mourir, nos enfants naître. L'essentiel se résumait à nos repas quotidiens. Nous avons traversé une crise mondiale qui a révélé les échecs de notre système, mais aussi ses forces. Nous n'avions rien anticipé. Nous avons dû improviser dans l'urgence. Certains se sont jetés sur les denrées alimentaires par crainte d'une pénurie. Nous avons manqué de masques chirurgicaux, de vaccins fiables, nous avons cessé brutalement de nous voir, de communiquer, de travailler, d'étudier. La crise a prouvé qu'il n'y a que l'anticipation, la solidarité et l'improvisation qui peuvent nous sauver dans des cas similaires. Cela nécessite un apprentissage spécifique. Cet apprentissage développe la confiance en l'autre et en soi-même. S'il est bon, le groupe met en valeur nos forces et compense nos faiblesses. Nous l'avons vu pendant la pandémie, être un groupe et se mettre au service d'un ensemble est absolument nécessaire en cas de crise. Dans la musique et l'art, il en va de même.

En redonnant toute sa place à la notion de groupe au sein de la musique classique, l'improvisation encourage l'imagination collective. Deux artistes qui se confrontent dans une compétition, au service d'une victoire individuelle, se brûleront les ailes. Si ces deux artistes jouent dans un esprit de groupe et avec l'objectif d'améliorer leur niveau commun, leur école, leur équipe, ils vont se construire dans une compétition saine et solidaire.

Dans les conservatoires, les orchestres, mais aussi dans toutes les classes et dans les entreprises, la compétition est, le plus souvent, organisée de façon à nous dresser les uns contre les autres. La concurrence est telle qu'on oublie le groupe. On veut passer devant les autres, prouver notre avantage. La différence est considérée comme un handicap, puisque la performance ne peut être comparée que lorsque les individus sont similaires. Tout est perverti par un système qui se veut égalitaire, et oublie dangereusement la liberté de la différence.

À sa manière, l'improvisation musicale, artistique peut nous aider à surmonter ces écueils. Au sein d'un groupe de musiciens improvisateurs, issus de différentes cultures, éducations, styles musicaux, esthétiques personnelles et niveaux techniques, l'échange est la condition *sine qua non* à la création. L'objectif est de créer une œuvre instantanée. Nous sommes unis pour une seule raison qui n'est ni idéologique, ni religieuse, ni politique, ni sociale, ni économique, ni même pédagogique, mais simplement artistique. Une fois l'improvisation terminée, nous aurons vécu un moment de bonheur et de communion inégalables, nous serons soudés et plus humains. De plus, après de telles séances, on n'interprète plus Mozart, Schubert, Webern ou Xenakis de la même manière, parce que notre oreille est plus critique et aiguisée. Non seulement l'improvisation favorise grandement la création, mais elle renouvelle aussi notre regard et notre écoute en tant qu'interprète. Elle stimule véritablement notre imaginaire.

En France, nous formons d'excellents spécialistes, dans tous les domaines, en ingénierie, en chimie, en informatique, en médecine, en sport… Mais dès que nous agissons en groupe, nous sommes moins performants, parce que nous sommes toujours dans l'attente de celui qui va faire briller tous les autres. On attend le soliste, le génie, celui qui fait la différence. Contrairement à d'autres pays comme l'Allemagne ou les États-Unis, pour ne prendre que ces exemples, la France n'a pas encore saisi toutes les opportunités que pourrait lui offrir une philosophie de la communauté des intelligences et des talents.

En musique classique, nous avons d'excellents solistes mais nos orchestres n'ont pas bonne réputation. Nous formons chaque année entre 30 000 et 40 000 musiciens dans nos conservatoires, dont beaucoup désirent devenir solistes ou membres d'orchestre. Or 99 % d'entre eux ne le seront pas. S'ils n'ont pas appris à improviser, il ne leur restera que peu d'opportunités de vivre de leur métier. Les musiciens doivent apprendre à exister en groupe.

Dans la vie également, si nous cherchons à créer avec notre entourage des rapports empreints de sincérité et de confiance, sans jalousie ni mauvaise foi, sans hypersensibilité ni violence, nous développerons des liens d'une très grande humanité. Au-delà des différences, des cultures, des âges, des tempéraments, nous avons soudain un extraordinaire point commun : l'envie de partager une discussion détendue et imaginative.

L'improvisation, c'est ce chemin que l'on parcourt pour trouver un compromis entre ce qui « est » et son contraire. Entre nos rêves et la réalité de nos vies. Entre ce qu'on aurait aimé devenir et ce qu'on est. L'improvisation doit être donc enseignée en conservatoire pour apprendre à créer de la musique, mais aussi pour savoir se situer. Et ainsi évoluer sur son chemin d'artiste. En improvisant, on apprend à se libérer sans craindre d'être vulnérable. C'est une véritable thérapie. J'associe souvent cette libération musicale à l'écriture automatique ardemment défendue par la psychanalyse. De cette libération jaillit la vérité. Cette vérité va souvent prendre la forme d'un lapsus, comme le disait Lacan, et c'est spécifiquement ce qui apparaît comme une erreur qui va générer le fil du propos vrai que l'on va tirer petit à petit pour se construire un nouveau chemin.

Sans l'improvisation, on poursuit un sillon, toujours le même, depuis nos années de conservatoire jusqu'à notre métier, et peut-être ainsi toute notre vie, sans avoir vraiment cherché autre chose. De nombreux musiciens s'aperçoivent un jour qu'ils ont suivi le mauvais chemin, ils ont alors le sentiment d'avoir perdu leur temps et vivent cela comme un échec. Combien de fois ai-je entendu de grands musiciens se plaindre de ne pas savoir jouer sans partition des musiques qui leur passeraient simplement par la tête !

Lorsqu'on est familiarisé avec l'improvisation et qu'on en a pratiqué longtemps, lorsqu'on a appris à « faire ce qu'on voulait », qu'on s'est habitué au fonctionnement d'une telle démarche, alors ce *work in progress*, cet état d'un « travail en cours » inachevé, ne fait pas peur. Ce qui importe n'est pas tant le résultat de ce travail, ni son produit une fois terminé, mais le travail en soi, la « conversation » elle-même. Lorsque mes élèves improvisent, je ne leur dis pas : « Je vous laisse parler et réinventer le monde, et je reviens dès que vous vous serez mis d'accord… » Sans la discussion, et le dialogue, sans ce processus d'écoute et de partage, sans cette confiance, il n'y a pas d'improvisation en groupe. Dialoguer et faire confiance est une première étape difficile.

Écouter l'autre, c'est déjà parcourir la plus grande partie du chemin qui nous sépare. Souvent, nous ignorons totalement comment l'autre nous perçoit et quelle image nous renvoyons. En improvisation, combien de fois ai-je entendu « Pourtant, j'ai joué super fort », lorsqu'un de mes élèves s'étonne que personne n'ait entendu son propos musical ? Et inversement, parfois les élèves occupent une place particulièrement importante sans s'en apercevoir. Et ce n'est qu'après une discussion, en entendant la réaction de leurs amis, qu'ils prennent conscience de la parole qui s'est libérée et de leur place. Lors de certaines improvisations avec cuivres et guitares, nous nous confrontons au problème du volume sonore. D'un côté, les guitaristes se sentent mal ou peu audibles, écrasés par les trombones et trompettes. De l'autre côté, les cuivres rétorquent qu'ils ne possèdent pas de sourdine et jouent des instruments naturellement sonores. Comment créer en harmonie dans ces conditions ? C'est un exemple, mais il est applicable à toutes les relations humaines, artistiques ou professionnelles. Tant en famille qu'en société.

Comment composer avec des personnalités aussi différentes ? Le parallèle est frappant pour qui s'habitue à improviser en groupe. En effet, en musique, les personnalités s'expriment à travers les notes, mais les différentes facettes de chaque personne s'entendent et se voient. Les personnalités fortes, les plus discrètes, les timides, les téméraires, etc. Mais aussi, en allant plus loin, le manque de politesse ou de confiance en soi, l'excès de zèle, la peur de l'autre, la crainte de ne pas être heureux, etc. Tout se ressent dans l'improvisation musicale. Lorsque je donnais mes cours au conservatoire, j'avais un petit jeu secret. Ne connaissant aucun de mes élèves avant le premier cours, j'essayais à travers leurs improvisations de deviner leur personnalité. Et après un peu d'entraînement, et quelques pièges évités grâce à l'expérience, j'arrivais à savoir à qui j'avais affaire avant même de les entendre parler. Chaque fois, j'étais surpris par la pertinence du parallèle.

Faire ce qu'on veut, ce n'est pas faire n'importe quoi. C'est s'exprimer librement en fonction des personnes qui nous entourent, de leur fragilité, leur sensibilité et leur force. On peut rencontrer d'énormes malentendus musicaux. Dans ces cas-là, il est important de rappeler qu'un malentendu n'est pas le fruit d'une seule incompréhension, mais souvent de plusieurs, combinées. Ensuite, il faut trouver une solution, pour que chacun s'exprime sans empiéter sur la liberté de l'autre. Par exemple, le guitariste peut créer du rythme en frappant sur la caisse de résonance de son instrument et être ainsi entendu de tous. Quant au tromboniste, il peut tout à fait chanter dans son instrument, ou créer des sons plus doux avec son souffle. Si tout le monde est conscient et désireux de surmonter le malentendu, les musiciens vont être attentifs à ne pas couvrir le son de l'autre, à ne pas couper la parole de l'autre, ils vont développer leur capacité empathique à accompagner le mouvement de l'autre. Cet exercice renforce le respect. Il oblige chacun d'entre nous à se poser la question de notre légitimité face à l'autre. Alors, la notion de conflit, de rapport de force n'a plus vraiment d'utilité. Au lieu d'avoir peur de l'autre, de développer des frustrations et de la souffrance, nous recherchons des points communs, des terrains d'entente, des éléments permettant un dialogue plus serein.

Lorsque je propose à Paris une version très personnelle de la musique cubaine ou que je joue Oum Kalthoum et de la musique arabe à New York, j'essaie à ma façon d'établir des croisements entre des cultures et des peuples si différents en apparence. De ce dialogue peuvent naître des ponts, des correspondances. Ainsi, je participe à les relier. Car toutes les musiques du monde se font écho à un moment ou à un autre.

Quand est sorti mon album en hommage à la grande diva égyptienne, véritable légende du monde arabe, aimée et adulée partout dans le monde, certains m'ont mis en garde. Nous étions en 2015, nous avions encore en mémoire les attentats contre *Charlie Hebdo* de janvier. La culture arabe n'était pas la bienvenue au milieu d'un imbroglio géopolitico-religieux. Dans les médias, on en parlait tous les jours comme d'une culture de la violence, de l'intolérance, des interdits, des femmes voilées de noir, des intégristes, en mettant Arabes, musulmans et terroristes dans le même panier. J'en ai d'ailleurs fait les frais puisque, quelques jours après les attentats du Bataclan, je m'apprêtais à prendre un train à la gare du Nord pour aller jouer au London Jazz Festival, quand la police m'a contrôlé et indiqué que j'étais « Interpol Positif ». Je savais que la France traversait une crise sécuritaire sans précédent, mais je ne comprenais pas que l'on me confisque sans raison mon passeport français. La nouvelle a fait le tour de la France malgré moi, et que n'a-t-on lu sur les réseaux sociaux : « Ce n'est pas parce qu'il joue bien de la trompette qu'il ne sait pas poser des bombes » et autres remarques dont Twitter fait son fonds de commerce. Quelques semaines plus tard, la préfecture s'est excusée de l'erreur. Personne n'a relayé cette nouvelle information. J'étais devenu en quelques heures un potentiel terroriste.

Au-delà du choc de ce contrôle musclé et des recommandations que l'on me faisait à propos de mon album

Kalthoum, j'ai essayé de prendre du recul. N'étant moi-même pas musulman, mais arabe issu d'une famille chrétienne des montagnes libanaises, et ayant vécu toute ma vie en France, je savais au plus profond de mon être que ces cultures n'étaient pas aussi incompatibles qu'on voulait nous le faire croire. J'ai donc refusé de laisser aux fondamentalistes de tous bords le droit de décider ce qui était conciliable avec leur conception de la religion ou de la république et ce qui ne l'était pas.

La voix d'Oum Kalthoum a bercé mon enfance. Mon père nous la faisait écouter tous les soirs. Elle a joué un rôle très fédérateur dans la culture arabe. Que l'on soit un Arabe musulman, un Arabe chrétien ou un Arabe juif, ou même athée, on aime la plupart du temps Oum Kalthoum. Cette femme est constitutive de la culture arabe contemporaine, et elle est en outre un merveilleux modèle de femme artiste, lettrée, féministe avant l'heure, qui allie avec brio la puissance et la sensibilité. Je voulais redonner un message d'espoir, montrer que nous avons des émotions et des propos artistiques à partager. Cette idée de reprendre Oum Kalthoum et de l'interpréter avec le langage le plus classique de la culture américaine, c'est-à-dire le jazz new-yorkais, est donc née de mon incompréhension face à l'absurdité du monde, à l'obscurantisme, et au refus grandissant de la différence. J'ai donc fait ce qui me paraissait juste et sincère, vis-à-vis de moi-même et des histoires dont je suis issu.

Finalement, c'est ce même refus de l'adversité qui me pousse à créer et à improviser. Comme lorsque j'étais enfant à l'école. La musique m'offre un langage qui ne se trompe jamais. Quand j'improvise, je livre un discours sincère, brut et immédiat.

Un an après la mésaventure avec Interpol, comble de l'absurdité, j'ai été contacté pour participer à la réouverture du Bataclan. J'ai d'abord refusé. Cela me paraissait trop compliqué. Est-ce que les familles des victimes et les rescapés étaient prêts à voir des artistes rouvrir les portes de ce lieu devenu le sanctuaire des pires horreurs de notre histoire moderne occidentale ? Je ne croyais pas. Et pourtant. Après une très brève conversation avec Sting, j'ai changé d'avis. En toute humilité, il m'a dit : « S'il te plaît Ibrahim, viens jouer avec moi. Nous avons le devoir de le faire. » La simplicité de sa demande a soudain donné du sens à tout le reste. Nous étions exactement dans une situation où nous n'avons plus de mots. Seules les notes devaient s'exprimer. Je savais qu'il n'y a rien de plus sincère que des notes venues de nulle part, des notes non préparées. Une fois sur scène, j'ai regardé Sting qui avait choisi de m'inviter sur sa magnifique chanson *Inshallah*. Et lorsque je lui ai demandé ce qu'il voulait que je joue précisément dessus, il m'a répondu ceci : « Fais ce que tu veux. »

2

Dépasser nos peurs

Il y a une dizaine d'années, je devais interpréter en concert Beirut, dont j'ai évoqué plus haut la genèse en 1993, lorsque je me baladais dans les rues de ma ville natale en ruine. Je joue cette musique depuis très longtemps et la maîtrise en général parfaitement. Ce soir-là, hélas, j'avais une grosse angine, ressentais une grande fatigue physique. Je me suis rendu compte, dès le début du morceau, que ma trompette ne résonnait pas comme d'habitude. J'étais incapable d'interpréter le long solo improvisé au milieu du morceau, passage particulièrement éprouvant. En plein concert, plus aucun son ne sortait de mon instrument. Mes lèvres ne vibraient plus. Les muscles s'étaient tétanisés. L'émotion, ajoutée à la présence du public, m'a paniqué, j'étais au bord des larmes, incapable de produire une note. Le public me regardait impuissant.

Je ne sais pas ce qui s'est passé dans ma tête, mais je me suis mis subitement à chanter dans ma trompette. Je n'avais jamais fait une chose pareille auparavant. Ce n'était plus de la trompette, mais quelque chose de très étrange, complètement nouveau pour moi, mais qui a malgré tout produit une sorte de complainte vocale, tout à fait similaire à ce que j'avais l'habitude de faire avec un son de trompette normal, mais en plus fort, plus déchirant. Et finalement, me semble-t-il après coup, beaucoup plus pertinent puisque ce passage précisément symbolise aussi notre incapacité parfois à mettre des mots sur les émotions les plus douloureuses. Dans *Beirut*, j'évoque ma découverte de ma ville natale à l'âge de 12 ans, et le choc de voir ce que j'ai vu, l'indescriptible. Je ne sais pas si, musicalement, on peut considérer que cette voix que j'expulsais dans mon instrument était une bonne ou mauvaise idée. Mais c'était une vibration troublante, inattendue et poignante pour moi, car elle me sauvait sur le moment en reposant mes lèvres endolories tout en me permettant de continuer à exprimer ce que j'avais à exprimer.

Petit à petit, au fur et à mesure que je jouais, j'ai accepté ce chant nouveau et singulier. Je l'ai accompagné avec mon corps, ma voix. *Beirut* parle aussi de cette résurgence, de cette résurrection de la ville après la guerre. C'est l'histoire d'une reconstruction et d'une consolation. Ainsi, plus je progressais dans les rues de Beyrouth, plus le son revenait dans ma gorge et dans l'instrument.

Cet intermède « chanté » était improvisé par la force des choses. Depuis, il m'est inconcevable de ne pas rejouer ce qui fut improvisé ce soir-là. J'ai intégré dans le morceau ce manque, cette défaillance et son remède en quelque sorte. On improvise avec ce qu'on peut : les émotions, la technique, les erreurs. C'est un mélange de structure et de bricolage, de logique et de spontanéité, de maîtrise et d'erreur. Ma définition de l'art.

L'improvisation est une façon de confronter notre personnalité, nos défauts et nos qualités au reste du monde. De dépasser nos peurs. Improviser seul, c'est donner un sens à sa vie. Improviser en groupe, c'est se construire un chemin. Le chemin a besoin de sens.

La première étape de l'improvisation est solitaire, individuelle. Seul, on se confronte à l'essence même. Suis-je aimé ? Qu'est-ce que je ressens pour les autres ? Pour moi-même ? Est-ce que je m'aime un peu quand même ? Est-ce que j'existe pour les autres, ou bien est-ce que j'ai aussi plaisir à exister par moi-même et pour moi-même ? Autant de questions qui peuvent sembler très narcissiques, mais indispensables pour construire une relation saine avec l'autre.

Certains ont tendance à être extrêmement durs avec eux-mêmes. C'était mon cas lorsque j'étais plus jeune. On se déteste facilement. On se trouve laid, nul, inintéressant. Pourtant, il faut faire preuve de générosité envers soi. Et accepter l'idée que nous ne sommes pas parfaits mais que nous disposons de certaines qualités que nous allons essayer de partager, de mettre en lumière. D'un autre côté, certaines personnes peuvent ne pas avoir conscience des choses sur lesquelles elles pourraient s'améliorer. Dans tous les cas, il est important d'envisager cette première étape de la confrontation à soi, le plus tôt possible dans notre vie. Il devient ainsi plus simple de se remettre en question plus tard sans crainte. D'affronter ses défauts, ses peurs, ses névroses, ses handicaps, ses complexes.

Prenons un bébé qui apprend à marcher. Il essaie, tombe sur les fesses, se relève, essaie de nouveau. Il n'a pas peur. Ni de marcher ni de ne pas marcher. Il ne redoute pas le regard des autres, ni le sien. Son regard sur lui-même va s'aiguiser au fur et à mesure que son entourage va l'applaudir à chacune de ses réussites, l'enfant va comprendre qu'il y a un enjeu qu'il ne soupçonnait pas. Avec l'improvisation, il en va exactement de même. On essaie, on réessaie, puis on essaie encore, inlassablement. C'est un processus long que certains diront ingrat. Je crois pour ma part qu'il nous renvoie à une forme de candeur, d'innocence, un esprit d'enfance, qui met à l'honneur celui qui cherche.

Dans la plupart des activités artistiques et sportives, les enfants sont souvent bien meilleurs dans le rapport capacité/performance : ils ne se découragent pas, pour eux tout est possible. Ils n'ont pas encore cette sensation d'échec, de défaite, frustration et déception, que l'on peut ressentir adolescents ou adultes. Les adultes sont programmés pour redouter l'échec et l'erreur. C'est pourquoi 80 % de mon improvisation est solitaire. Je suis seul, chez moi, et je cherche, tente des choses, j'essaie, je bégaie, trébuche, tombe comme cet enfant, me relève inlassablement, inéluctablement, puis recommence et tente autre chose. Je m'autorise à ne rien trouver.

Le musicien, de la même manière qu'un comédien qui se cherche, doit se trouver lui-même avant d'interpréter. Cette première étape bouscule et renouvelle nos idées, nos certitudes, nos points de vue. En s'acceptant et en accueillant généreusement le changement qui se produit en nous à ce moment-là, on devient bienveillant. Avec soi et avec l'autre. Ce qui nous permet d'envisager la seconde étape sereinement.

La seconde étape est la pratique collective. On s'expose aux regards, aux oreilles, aux corps des autres. Si on a accepté et reconnu nos propres défauts et qualités, on est plus à l'aise pour recevoir le regard des autres. C'est le point de départ en quelque sorte de la thérapie de groupe. On apprend à dépasser nos peurs et celles des autres, nos jugements, nos imperfections, nos erreurs et les leurs.

On abandonne la quête de perfection et de virtuosité, et on s'engage dans une rencontre. Que peut-on construire ensemble qui puisse nous élever tous, et contribuer au bien-être collectif, à une certaine idée de l'art ? Cela ne signifie pas une quête du beau. L'art peut nous amener à échanger sur un terrain plus complexe, celui du dialogue.

Reprenons la métaphore de l'enfant qui apprend à marcher. Nous sommes à la seconde étape, et il arrive au jardin d'enfants. Il veut interagir avec les autres, marcher oui, mais pour faire une course, parler oui, mais pour inventer des histoires, jouer oui, mais pour gagner ou perdre. Il sera plus facile à cet enfant d'accepter les erreurs et peurs des autres s'il a conscience des siennes. Le musicien qui participe à une improvisation collective est à peu près dans la même situation : comment faire pour écouter les autres et trouver sa place, jouer au milieu d'une cacophonie, créer sans interrompre les autres alors qu'il est lui-même constamment interrompu ? Comment se faire entendre ? La réponse réside dans le collectif.

Nous apprenons dans cette seconde étape à construire collectivement un discours et un propos. L'improvisation va et doit générer quelque chose de plus grand que chacun d'entre nous. Dans cette étape magnifique et très puissante – parce qu'elle crée souvent des souvenirs que l'on se remémore ensuite avec émotion et nostalgie –, on cherche une parole universelle, une mélodie qui nous dépasse, qui aille au-delà de notre simple « moi ».

Dans le développement de l'enfant, cette étape correspond à la participation à des sports collectifs, à des activités en groupe. Dans la musique, il s'agit essentiellement d'orchestres. Depuis quelques années, je développe des collaborations passionnantes avec des associations qui se démènent pour encourager la pratique orchestrale chez les jeunes. Je pense en particulier à l'association Orchestres à l'école dont je suis le parrain, et qui compte des milliers d'orchestres en France au sein même du système de l'Éducation nationale. Véritable moteur de partage, de compréhension, d'assimilation des cultures artistiques. Et espoir probant aujourd'hui de créer un monde meilleur avec des jeunes qui apprennent à dialoguer en groupe, à travers la musique, et donc leurs émotions. Ils apprennent à se découvrir eux-mêmes et à découvrir les autres. Leurs propres erreurs, celles des autres. Ils valorisent leur existence à travers le groupe. L'étape suivante serait qu'ils développent leur propre créativité en cherchant à créer des sons, des rythmes, des harmonies, des mélodies, ensemble. Qu'ils s'autorisent à aller plus loin. Un véritable défi, car ils n'ont ni partitions ni codes. Ils vont apprendre à être libres. À faire ce qu'ils veulent.

L'improvisation est ce moment insaisissable, qui nous échappe par définition mais peut laisser en nous une émotion, une trace, une vibration extraordinaire. Cela s'apparente à la poésie – en grec, le terme *poiesis* signifie « création », et le verbe *poiein* signifie « faire, créer ». C'est un oxymore poignant entre un texte bref, un temps éphémère et une sensation profonde, durable, d'une intensité inouïe.

L'improvisation peut donc être appréhendée comme une thérapie en ce qu'elle nous aide à dépasser notre peur de l'échec. La chasse à l'erreur – et sa sanction – est certainement l'invention la plus affligeante de notre système éducatif. Réfléchissons un instant à l'absurdité d'une telle pédagogie : si vous faites des erreurs, on vous retire des points ; si vous ne faites pas d'erreurs, vous êtes sélectionné pour continuer ; si vous vous êtes trompé ou que vous avez répondu à côté ou que vous avez simplement essayé autre chose que la réponse attendue, vous êtes pénalisé. Pourquoi ne sont valorisés et récompensés que ceux qui répondent exactement ce qu'on attend ? Pourquoi sont sanctionnés ceux qui répondent autre chose que ce qu'on attend ? Un tel enseignement va-t-il vraiment favoriser la créativité, et générer de nouvelles idées ? Pourquoi est-ce que le système de notation ne fonctionne pas à l'inverse ? On partirait de rien, et ceux qui ont les idées les plus originales, les plus audacieuses, les plus innovantes, auraient les meilleurs résultats, quand bien même il ne s'agit pas forcément de la bonne réponse !

Il y a un jeu auquel j'adore jouer avec ma fille parce qu'il est très ludique et intéressant pour développer la créativité des enfants comme des adultes. Je crois d'ailleurs qu'il est encore plus difficile d'y jouer adulte qu'enfant, tant on est formaté et habitué à des expressions toutes faites, à des réflexes de langage qui brident finalement notre inventivité. Le jeu consiste à faire des phrases avec des mots mis côte à côte, sans queue ni tête, le but étant que l'ensemble n'ait absolument aucun sens. Par exemple, celui qui dira « la route évaporée en clef de salade » marquera beaucoup de points, tandis que celui qui dira « la route goudronnée » ou « l'eau évaporée » ou « en clef de *sol*» ou «une salade verte» n'en gagnera pas. Essayez, et vous verrez qu'il est très difficile de créer des phrases qui ne veulent rien dire du tout. On se trompe toujours en associant au moins deux mots qui vont ensemble par habitude. «Ciel bleu», «cheveux blancs», «eau potable», «bouteille d'eau», «crayon à papier», «sac à dos»… Mais «bouteille triste», «habillé du flacon à la crêpe», «souriant en girafe de rideau»: ces phrases ne veulent strictement rien dire et nous demandent un exercice cérébral bien plus compliqué que de faire des phrases intelligibles.

La façon dont j'improvise en musique est tout à fait comparable à ce jeu. Je cherche des notes qui n'ont pas été jouées avant, j'essaie de déconstruire mes habitudes, mes réflexes, ma culture. En cela, c'est un exercice beaucoup plus complexe et exigeant qu'il n'y paraît. Pour improviser, il ne suffit pas simplement de prendre son instrument et de jouer tout ce qui nous passe par la tête. En faisant cela, le risque est de rejouer de nombreuses choses que nous avons déjà emmagasinées. Il est indispensable selon moi de valoriser l'erreur, de la provoquer, de la construire même pour mieux la maîtriser, de savoir jouer avec.

Parfois, valoriser l'erreur est en soi une démarche créative, car elle suggère des idées auxquelles nous n'aurions jamais pensé. Lorsque nous avons travaillé en 2013 avec le rappeur Oxmo Puccino sur une adaptation d'*Alice au pays des merveilles* de Lewis Carroll, l'un des premiers défis fut de tenter des choses nouvelles. Beaucoup de pièces avaient déjà été inventées à partir de ce récit fabuleux d'inventivité. Dans l'un des morceaux, *Partie de croquet*, Oxmo Puccino se livre à un exercice fascinant. Il expose d'abord des phrases (sujet – verbe – complément). Puis, dans un second temps, inverse l'ordre. On se retrouve alors avec des phrases qui ne veulent plus du tout dire la même chose mais qui, grâce à leur ingéniosité poétique, permettent à l'auteur de signifier, d'exprimer beaucoup de choses. Les métaphores générées par ce jeu induisent des idées nouvelles. Les phrases ne ressemblent parfois à rien, et révèlent pourtant tout. Ce jeu subtil, accompagné par la musique, donne un sentiment planant : la « partie de croquet » ne se passe pas vraiment comme prévu.

À l'échelle de l'histoire, reconnaître et valoriser l'erreur est une façon d'apprendre à comprendre le monde, ses complexités, et à ne plus en faire. L'erreur et l'échec sont fondamentaux et inhérents au principe de recherche. Tomber, se relever, se tromper à nouveau, bifurquer, être arrêté par un obstacle et le contourner. Tout cela fait partie de la recherche et de l'improvisation, ce sont des chemins d'amélioration de soi et de l'esprit commun. En improvisation musicale, la bonne nouvelle est qu'il n'y a pas de fausse note. Puisque chaque note est une tentative, ce qui importe est son existence, sa pleine présence, et éventuellement la communion qu'elle provoque avec le public. Miles Davis disait : « Il n'y a pas de fausse note. Seules les notes d'après vont permettre d'entendre ce que vous jouez. » La dissonance, la tension peuvent faire jaillir la beauté.

Il est intéressant de remarquer à quel point la culture française est intransigeante et aveugle sur ce concept d'erreur et d'échec. Elle ne cesse de valoriser la perfection, la bonne note, la « réussite », et méprise l'échec, l'erreur, la faute. Or la culture américaine, et plus encore celle qui a enfanté les ingénieurs de la Silicon Valley, valorise bien davantage l'échec. Je parle bien sûr de l'échec en phase de recherche. Aux États-Unis, on dira d'un enfant qui a eu une mauvaise note à l'école, ou d'un entrepreneur qui a fait faillite, qu'il a « essayé », qu'il « l'a fait » (*He made it*), même s'il n'a pas tout « réussi » au final il a réussi une partie de la démarche qui consiste à essayer. L'échec est associé à la tentative, à l'expérimentation, à la recherche. Ce n'est pas une fin en soi. Se tromper signifie avoir essayé, avoir été téméraire, inventif, y avoir cru et s'être démené, tout cela est déjà très positif et on vous regarde avec considération parce que vous faites partie de ceux qui ont eu l'audace de tenter. En France, s'être trompé signifie avoir tout raté, être mauvais, avoir perdu, être méprisé, et cela signifie surtout qu'on ne vous laissera pas d'autre chance. La honte.

Dans le domaine de la politique française, on retrouve cette même incapacité à chercher le compromis, à tenter, à tâtonner. On attend le parti parfait ou l'élu(e) qui aura toutes les qualités souhaitées, et de ce fait on n'est jamais satisfait. On râle et on manifeste (ce qui est une très bonne chose par ailleurs), on se plaint de voter tantôt à droite, tantôt à gauche, sans que cela change quoi que ce soit. On répète que « personne ne fait mieux que l'autre », et certains vont jusqu'à dire : « Il va falloir qu'on vote contre tout cela. » Et ce vote radical n'est évidemment bon pour personne. Au fond, la question est : pourquoi sommes-nous éternellement insatisfaits ? Je crois que nous avons été formés dans un tel modèle de perfection que l'imperfection nous paraît très inconfortable. Nous attendons la solution providentielle, le chef omniscient qui prétend régler tous nos problèmes, en désignant des boucs émissaires et en exerçant son autorité. Si nous étions plus à l'aise avec ces notions d'erreur, d'incertitude, d'imperfection, nous accepterions avec bien plus de souplesse ces hésitations politiques, et plus généralement nous serions plus confiants envers la recherche. Il n'y a pas de solution miracle pour sauver le pays et la planète. Il n'existera jamais de parti politique idéal. Le monde se cherche et nous faisons partie de cette recherche, nous pouvons nous aussi y participer, à notre échelle. C'est une improvisation générale, mondiale, permanente.

Acceptons enfin de n'être que des hommes et des femmes, des chercheurs, des improvisateurs. Non seulement cette recherche est humaine, mais elle est également passionnante. Si nous trouvions toutes les solutions à nos problèmes en claquant des doigts, la vie se déroulerait comme prévu et serait d'un ennui affligeant. Finalement, cette dose d'incertitude, d'erreur, de trébuchement, de faux pas, d'écart, génère des imprévus, des surprises, des bifurcations inattendues de l'existence qui peuvent aussi être intéressantes, plaisantes, si on sait les accueillir, les accepter, les considérer. Il ne faut pas dénigrer, ni chercher à supprimer cette part d'improvisation inhérente à notre humanité. C'est pourquoi nous devons apprendre à nos enfants à ne pas avoir peur de chercher et leur apprendre que se tromper est la norme. Et ne pas se tromper une exception qu'il faut apprendre à maîtriser.

Au cours de cette acceptation de soi, on réalise combien il est agréable et intéressant de ressentir l'appréciation de nos défauts par les autres. C'est un processus infiniment libératoire, l'un des plus forts sentiments de plénitude qui soit.

Cela ressemble profondément à l'acceptation de nos défauts physiques. Je me souviens d'une journée de l'été 1996. J'avais 15 ans et j'étais fou amoureux d'une jeune fille de mon village au Liban. Nous avions, comme chaque été, passé une bonne partie de nos journées ensemble avec nos amis, et elle ignorait tout de mes sentiments à son égard. Ce jour-là, nos amis sont partis en fin d'après-midi, et nous nous sommes retrouvés seuls, assis sur les marches de la « nédé » du village, sorte de club où nous passions nos journées. Le moment était romantique, calme, face à nous le soleil se couchait tendrement sur la mer. Au moment où j'ai pris mon courage à deux mains pour lui ouvrir mon cœur, elle m'a jeté cette phrase, comme un coup de poignard : « Tu sais, je pense que j'aurais pu tomber amoureuse de toi si tu avais un nez un peu moins gros. »

Vous imaginez mon âme d'adolescent, déjà si peu confiant, qui voit son corps réduit en miettes en l'espace d'une demi-seconde. Pourtant, cette phrase a changé ma vie. Du jour au lendemain, j'ai appris que ce défaut physique pouvait altérer le regard que certaines personnes posaient sur moi. J'ai appris à l'accepter. Et une forme de sérénité s'est installée. J'ai improvisé mon retour à la vie sentimentale en connaissance de cause. Mon caractère s'est forgé à l'aune de cette chute vertigineuse. La chute ne se termine jamais en vérité, seulement on apprend à la maîtriser. Ou à jouer avec le vide.

En intégrant nos défauts, nos imperfections, nos erreurs, en les incluant dans le processus créatif, l'improvisation nous ouvre la porte du plaisir et de la sérénité artistique. Elle fait de cette mise à nu, au départ effrayante, un atout. Arrêtons de nous assommer avec la notion de dépassement de soi, de recherche d'un art au-dessus de l'humain, avec tous ces mythes fantasques des artistes guidés par une force surhumaine. Il n'y a pas, dans le domaine de l'art, de dépassement de soi. Être soi-même, en public ou seul face à son instrument de musique qui met en lumière nos défauts, nos fragilités, est un miracle. Et c'est déjà pas mal !

Cela ne signifie pas, si je parle de mon expérience personnelle, que je suis toujours et forcément serein artistiquement. Je reste un être humain, avec ses doutes, ses moments de faiblesse, ses lacunes. Je sais que l'improvisation n'est pas dissociable de la notion de risque. Se lancer dans une improvisation me fait penser à un saut en parachute. Le plus inquiétant n'est pas la chute, mais le moment où l'on se jette dans le vide. Rien n'est plus comme avant, il n'est plus possible de revenir en arrière, le vertige nous prend et on doit accepter cette vulnérabilité qui nous offre l'occasion de laisser place à l'essentiel. Respirer et être. Tout court.

L'atterrissage est tout aussi vertigineux. Comment va-t-on se poser ? Si la chute s'est bien passée, il ne faut pas gâcher toute l'expérience au moment de l'atterrissage. On peut se faire très mal, et plus on s'approche du sol, de la fin de la chute, plus c'est inquiétant, car on sait qu'il va falloir donner tout son sens à cette chute en posant ses pieds avec le plus de délicatesse possible. Encore une fois, ici aussi le rapport avec la mort s'avère fondamental.

D'ailleurs, plus haut dans ce livre, j'ai parlé d'une collaboration avec l'Orchestre de Bretagne en 2014, autour de l'improvisation. Il s'agissait d'une résidence de deux années initiée par l'administrateur de l'orchestre, un Franco-Américain d'une soixantaine d'années très enthousiaste, qui m'avait un jour interpellé en conférence de presse pour me demander si j'étais intéressé pour collaborer avec cet orchestre autour des mélanges culturels entre musique arabe, jazz et musique bretonne. Évidemment, j'ai immédiatement accepté, et nous avons entamé des discussions autour du type de création que nous pourrions réaliser ensemble. J'ai alors soumis l'idée de composer une pièce symphonique qui simulerait une improvisation spontanée de l'orchestre, le tout dirigé par un chef pendant les trente premières minutes seulement. Je proposais que la partition s'arrête net au bout de ces trente minutes, en plein milieu d'une phrase, que le chef d'orchestre quitte la scène, et que l'orchestre prenne le relais en improvisant entièrement sa partie. C'était ma toute première expérience d'improvisation orchestrale totale. J'ai appelé cette pièce *Parachute*.

Le principe du parachute est qu'il y a toujours quelque chose qui nous protège, qui nous rassure. Dans cette pièce pour orchestre, il s'agissait des trente premières minutes. L'idée de cette symphonie est de donner véritablement l'impression au public que l'orchestre improvise depuis le début. Mais au moment où le chef d'orchestre sort de scène, on s'aperçoit du vide dans lequel se retrouvent les musiciens, et le rôle de créateurs qu'ils ont à jouer.

Huit concerts étaient prévus autour de ce projet : sept en Bretagne, et le dernier dans la prestigieuse grande salle de la Philharmonie de Paris, en 2017. Lors des sept premières dates régionales, l'orchestre tâtonnait.

L'improvisation qui donc succédait aux trente minutes écrites durait entre quatre et huit minutes en moyenne. Ce qui était déjà assez incroyable. J'étais très fier d'eux, et ce malgré toutes les étapes de notre travail laborieux et compliqué, notamment avec certains membres de l'orchestre. Le concert de clôture allait donc avoir lieu dans cette magnifique salle du nord de Paris. Le public était au complet. Je savais combien l'orchestre pouvait être impressionné d'improviser totalement devant de grands spécialistes, la presse, des musiciens professionnels, et un public d'habitués très exigeant. Le défi était de taille. Avant le concert, je suis allé voir tous les musiciens, et leur ai rappelé que c'était la dernière fois qu'ils allaient jouer cette pièce : c'était l'occasion de se donner entièrement.

Quand est arrivé le moment tant attendu où le chef sort de scène en pleine symphonie, je retenais mon souffle. Et j'ai été stupéfait de voir et d'entendre l'orchestre poursuivre l'improvisation sans pouvoir s'arrêter. Pendant plus de vingt minutes, ils ont improvisé. Du jamais vu. Jamais dans l'histoire de la musique classique un orchestre entier de cinquante musiciens n'a improvisé ainsi, en concert, et qui plus est dans un lieu aussi prestigieux, sans partition, sans code, sans chef, sans rythme donné, sans « boucle » électronique, sans aide, sans rien. Le vide total. Un saut dans le vide. Une performance unique au monde.

Le public n'en croyait pas ses yeux ni ses oreilles. Subjugué, il a fait une *standing ovation* de plusieurs minutes. Pour la première fois, l'audace, le risque, l'erreur ont été valorisés et érigés en philosophie créatrice. Le public a compris ce qui venait de se passer, et l'incroyable défi que ces musiciens avaient su relever. Pourtant, aucun article n'a été publié après ce concert unique et hors cadre. Cette absence totale de réaction est à l'image de l'incompréhension suscitée par une telle démarche. Les spécialistes ne savent pas quoi en penser ni comment défendre cette initiative. L'orchestre a-t-il fait quelque chose d'extraordinaire, et de révolutionnaire, ou bien s'est-il simplement livré à un exercice de bluff ? Relater ce concert aurait été une façon de le promouvoir, et donc bousculer les codes établis, bien rassurants, d'un système qui a fait ses preuves depuis plusieurs siècles. Le conservatisme est inquiétant. Je pensais naïvement que notre démarche ferait bouger les lignes. Et je me suis rendu à l'évidence, la musique classique n'aime pas qu'on la bouscule, qu'on la sorte du cadre. La musique contemporaine abstraite, conceptuelle, le *soundpainting*, le mélange avec le jazz, le hip-hop, la musique électronique, la chanson, sont parfaitement acceptés par l'intelligentsia de la musique classique, au point de devenir la norme. Tous les orchestres contemporains ont tenté ces expériences musicales. Mais quel orchestre a déjà tenté de sauter dans le vide de l'improvisation totale ?

Prendre des risques, se tromper, trébucher, jouer mal, faux, bizarrement, chercher – et peut-être trouver – autre chose, une autre idée, un autre concept éventuellement, ne fait pas partie de la culture de la musique classique. Lorsque je suis sur scène, cette recherche demeure mon obsession. Et quand bien même ma musique peut être extrêmement organisée, parfois écrite et rigoureusement interprétée par mes musiciens et moi-même – chose qu'on me reproche suffisamment dans le monde du « jazz » –, tout ce qui surgit à côté est totalement libre et imprévu.

Outre le doute et le risque, l'improvisation est liée également à la notion de quantité et de justesse. Même s'il faut travailler beaucoup et improviser souvent pour devenir meilleur en improvisation musicale, c'est un processus qui ne nécessite pas forcément de jouer beaucoup de notes ni de partir dans tous les sens. Il ne s'agit ni de quantifier, ni de chercher absolument la déconstruction de tout, mais de trouver là où on est juste. À chacun de sentir où il est en accord avec lui-même. Peut-être que ma façon d'être heureux et serein n'est pas de créer beaucoup, mais de créer juste ce dont j'ai besoin. Cela ressemble à ma conception du bonheur. Et si nos besoins sont le strict nécessaire, on a de fortes chances d'être heureux.

En musique, je ne cherche pas à jouer des milliers de notes, ni des harmonies extrêmement complexes. Je ne cherche ni à impressionner les autres, ni à faire pleurer ou danser quiconque. Je ne cherche même pas particulièrement à « réussir » mon improvisation, puisque je suis persuadé qu'une improvisation n'est pas « ratée » ou

« réussie », mais qu'elle « est » ou qu'elle « n'est pas ». Il m'arrive très souvent en concert de faire des fausses notes très audibles, parfois gênantes pour un public qui peut considérer qu'il est là pour n'entendre que des notes justes et réussies. Je cherche le point de vérité, je cherche à être en accord avec moi-même, je cherche à ne jamais regretter une musique ou une note, même mes erreurs lorsque je les joue de tout mon cœur pour de bonnes raisons. Et s'il m'arrive de ne pas être en phase artistiquement avec moi-même, j'essaie de prendre de la distance, de me contenter de peu ou de moins.

Selon moi, improviser est une quête, un chemin dont le but n'est ni la quantité ni la virtuosité, mais la justesse et la sincérité, la présence et la confiance. Ce qu'il y a d'extraordinaire avec l'improvisation, c'est qu'elle peut devenir une thérapie dans laquelle nous sommes autonomes, nous sommes notre propre thérapeute. Ainsi, plus nous apprenons à improviser dans notre vie, plus nous allons dépasser nos peurs. Plus nous dépassons nos peurs, plus l'improvisation sera libre et aisée, audacieuse et intéressante.

3

Le vide, l'inconnu et le silence

« En peinture, on doit éviter le souci d'accomplir un travail trop appliqué et trop fini dans le dessin des formes et la notation des couleurs, comme de trop étaler sa technique, la privant ainsi de secret et d'aura. C'est pourquoi il ne faut pas craindre l'inachevé, mais bien plutôt déplorer le trop-achevé. Du moment que l'on sait qu'une chose est achevée, quel besoin y a-t-il de l'achever ? Car l'inachevé ne signifie pas forcément l'inaccompli ; le défaut de l'inaccompli réside justement dans le fait de ne pas reconnaître une chose suffisamment achevée. »

François Cheng écrit cela dans *Le Vide et le Plein* à propos de la peinture. Mais on peut appliquer cette réflexion aussi bien à l'improvisation musicale qu'à toute forme de processus créatif. L'improvisation est à la fois un travail qui ne cherche ni la perfection ni le résultat mais plutôt l'accomplissement, l'expérimentation, le vécu. C'est un équilibre à trouver, à ressentir entre les sons produits et leur reconnaissance, entre le travail et le regard que l'on porte dessus. C'est la valorisation du chemin parcouru plutôt que le point d'arrivée.

Je pense que la seule chance que nous avons d'improviser véritablement et de créer surgit lorsque nos doigts glissent et se trompent de note ! L'erreur, le lapsus, comme je l'évoquais plus haut, est une source extraordinaire d'improvisation. Je la vois comme une chance qui nous est offerte de rebondir, de s'approcher de la vérité. Ceux qui vous font croire que la musique est une chose sérieuse se trompent. Lorsque j'ai commencé avec mon père, j'ai rapidement senti que je m'étais un peu fait avoir. On me demandait : « Tu aimes jouer de la musique ? » ou encore : « Oh, tu joues de la trompette ! Ça doit être chouette ! » Mais concrètement, lorsque j'étais aux côtés de mon père en concert, je le regardais jouer sa vie à chaque note. Il était d'un sérieux presque inquiétant pour l'enfant que j'étais. Je ne comprenais pas pourquoi il ne s'amusait pas. Il y avait un décalage significatif entre l'idée que je me faisais de ce que devait être un concert, et la pratique effective que j'en faisais.

Mon père ayant vécu ce qu'il avait vécu ne s'amusait pas du tout en jouant de la trompette. Il ne jouait pas de la musique. Il jouait sa vie. Véritablement. Chaque note comptait, et il était hors de question de faire ce qu'on appelle dans notre jargon un « canard ». En référence au son que fait la trompette lorsqu'on se trompe de note. Cette façon de voir la musique n'était pas amusante, mais la profondeur de jeu de mon père me touchait. J'avais 8 ans et je le regardais monter les marches comme on monte sur un ring de boxe.

Alors que, pour la plupart des gens, l'enfance est une période légère, et l'âge adulte une période plus sérieuse, dans mon cas ce fut tout à fait l'inverse. Enfant, ma vie n'était pas très joyeuse. Le Liban et la guerre. La culpabilité d'avoir quitté notre famille et notre pays en souffrance. Nous avons grandi ma sœur et moi dans une ambiance familiale plutôt triste, terne, solitaire. En dehors de l'affection maternelle, je n'ai pas de souvenirs très réjouissants.

C'est alors que la musique a joué un rôle déterminant. Je n'arrivais pas à concevoir que ce petit espace d'expression, cette fenêtre d'émotions, devait être exécuté comme tout le reste, avec le sérieux de circonstance. Mon père souriait rarement au public. Il ne prononçait pour ainsi dire que trois mots : « Bonsoir, merci et au revoir. » La musique était toujours parfaitement interprétée, sans accroc, sans canard, mais je m'ennuyais terriblement. Je faisais ce que mon père m'encourageait à faire, ce qu'il attendait de moi. Mais je ne m'amusais pas. En grandissant, disais-je, tout a changé. Plus le temps passe, plus je prends de l'âge, et plus je sens l'importance de s'amuser, sur scène, dans la vie, et surtout de jouer de la musique. Jouer. Au sens littéral, premier, du terme.

D'une certaine manière, la poésie, les mathématiques, la philosophie, l'amour, l'astronomie, la musique et toutes ces sciences fascinantes et insaisissables ont, depuis l'Antiquité, une seule et unique quête : celle de l'inconnu. Leur raison d'être est d'étudier l'indéfinissable, l'imperceptible, l'impalpable. Tenter de saisir ce que nous ignorerons toujours – puisque nous savons pertinemment que, même en cherchant inlassablement des réponses à nos questions, chaque réponse va générer de nouvelles questions, plusieurs générations se relaieront, espérant trouver de nouvelles réponses qui généreront à leur tour d'autres questions. N'est-ce pas Einstein, ce grand mathématicien qui bouleversa le regard sur la science, la relativité et le nucléaire, qui, dans sa photo la plus connue, se fait passer pour un clown en tirant la langue ? Le jeu doit rester maître de la situation, même lorsque l'art questionne l'existentiel.

Chercher l'amour est une équation mathématique avec de nombreuses inconnues. On en devine certaines, mais d'autres demeureront toujours des inconnues. Dans la musique, il en va de même. Improviser en musique, c'est se lancer dans ce qu'on ne connaît pas encore. C'est sortir du sillon. Nos vies, notre société, notre monde sont entravés par les sillons qui ont déjà été creusés par nos prédécesseurs que nous respectons, parfois admirons et idéalisons. Le résultat est que nous avons du mal à sortir de ces sillons rassurants, à modifier notre point de vue, à grimper sur un monticule ou une falaise pour voir les choses autrement et défricher éventuellement de nouveaux chemins. Et il en est de même dans nos vies quotidiennes. Notre corps, notre psychologie sont faits de telle sorte qu'on préfère les laisser poursuivre les chemins connus, sans changer nos habitudes. Nous suivons ce que nos parents nous ont enseigné, ou bien nous allons complètement à contre-courant de leurs enseignements, pensant à tort sortir du sillon, alors qu'il ne s'agit que de reproduire le même sillon en miroir. D'ailleurs, quand bien même ces habitudes sont mauvaises et nous nuisent, plutôt que d'aller explorer d'autres pistes, inconnues, on se réfugie dans celles qu'on est persuadé d'avoir sciemment choisies. Le plus difficile, et ce que l'improvisation nous enseigne, c'est de trouver comment inventer. Concrètement, on peut filer la métaphore : sortir sa bêche et creuser, creuser, creuser jusqu'à trouver une terre meuble, le lieu adéquat pour nous, ce qui sonne juste.

Rester dans le même sillon est un réflexe très humain qui peut s'apparenter, pour être un peu sévère avec nous-mêmes, à une forme de paresse. Créer de nouvelles méthodes, de nouvelles mélodies, emprunter de nouveaux chemins, au lieu de reprendre ce qui existe déjà, est devenu un acte de bravoure ! Une exception ! Et ces exceptions révolutionnent parfois les domaines concernés. Je pense par exemple à cet athlète, Dick Fosbury, qui en 1968 a effectué pour la première fois lors des Jeux olympiques un rouleau dorsal pour franchir la barre horizontale du saut en hauteur. Cela n'était pas intuitif, ni naturel pour personne. Excepté peut-être pour lui. Le geste a mis du temps avant d'être adopté par les athlètes jusqu'à remplacer totalement le rouleau ventral. Son idée, hors cadre, en dehors des conventions, qui devait faire ricaner nombre d'athlètes, est aujourd'hui devenue la norme.

On se rend bien compte que proposer de nouveaux chemins n'est pas facile et demande exigence, volonté et sans doute bien des tentatives, des échecs, des chutes, des erreurs, des fausses notes, mais surtout de la persévérance. C'est pourquoi je parlais précédemment d'un muscle à travailler, à renforcer, de la même façon qu'apprendre plusieurs langues lorsqu'on est jeune facilite considérablement l'apprentissage d'autres langues plus tard.

Pour ma part, j'essaie de faire travailler ce muscle en cherchant constamment à renouveler mon travail, à ne jamais me reposer sur mes acquis. C'est la raison pour laquelle, malgré le succès de mon premier album, j'ai proposé un second album radicalement différent. Et malgré le peu de succès de ce deuxième album, je suis allé dans une direction similaire, expérimentale, sorte de patchwork de toutes les musiques que j'aime, sans style précis. Mais plus développée sur le troisième. Ce dernier a connu un large succès, notamment grâce au fait que, pour la première fois, certaines de mes musiques ont été diffusées à la radio. Pour mon quatrième album, très influencé par le jazz, je suis allé à New York afin de l'enregistrer dans un studio mythique de Brooklyn en quintette traditionnel de jazz avec des musiciens de haut vol : Mark Turner au saxophone, véritable génie de l'instrument, Clarence Penn à la batterie, Larry Grenadier à la contrebasse, deux très grands rythmiciens, et Frank Woeste, un Français d'origine allemande avec qui nous avions énormément travaillé sur les arrangements. Cet album qui célébrait Miles Davis n'avait rien de commun avec mon cinquième album. Ce dernier était quasiment du rock progressif enregistré au sous-sol de mon studio à Ivry-sur-Seine avec des musiciens qui, pour certains, collaboraient à leur premier disque ! Et ainsi de suite, jusqu'à aujourd'hui ! J'alterne les genres au gré de mes rencontres, intuitions, envies. Après un album de Noël que l'on pourrait qualifier de « traditionnel » en décembre 2021, j'ai sorti un album de musiques urbaines en 2022.

J'admets que je ne réponds là à aucune logique commerciale ni éditoriale *a priori*. Cette démarche ressemble plutôt à une continuelle prise de risque. Entretenir un lien avec le public dans ces conditions n'est pas aisé. Mais n'est-ce pas aussi l'essence du chercheur ? Mon but est à la fois de m'amuser et de chercher. Je ne veux pas faire de ma vie une route toute tracée en rejouant sans cesse la même musique.

Quoi que je crée, je le fais de tout mon cœur, c'est ce qui importe pour moi, que le public y adhère ou pas. De quel risque parle-t-on ? Encore une fois, on y revient, le risque de l'échec qui se résumerait à de mauvaises ventes. « Ne pas prendre de risque, c'est ne pas oser la liberté, disait la grande philosophe Anne Dufourmantelle. La vie tout entière est un risque. Vivre sans prendre de risque n'est pas vraiment vivre. » Je suis persuadé qu'un artiste s'épanouit en allant explorer de nouveaux sillons, même ceux dans lesquels il n'est pas spécialiste. C'est ma conception des choses : ce qui m'enrichit personnellement enrichit mon œuvre par ricochet. On s'amusera bien plus ainsi qu'en restant assis au même endroit, sur notre canapé bien moelleux et rassurant.

Plus on apprend à sortir de sa zone de confort, plus il devient facile de le faire, et plus il devient essentiel et évident de le pratiquer et de l'adapter à d'autres domaines de notre vie. Si je fais travailler ce muscle de l'improvisation dans le domaine musical, j'aurai moins de difficultés à le faire dans ma vie professionnelle, familiale ou amoureuse. Et cela est valable dans mille autres domaines : quel que soit le contexte dans lequel on apprend à improviser, cela exerce une influence bénéfique sur les autres aspects de notre vie. Pour ma part, j'aurais pu devenir un musicien très rigoriste. En effet, j'ai été formé dans les conservatoires de musique classique, j'avais des choses à prouver à moi-même et à mon père, et je jouais d'un instrument particulièrement conservateur. Bref, tous les ingrédients étaient réunis pour que je reste dans mon sillon parfaitement tracé et devienne un fervent opposant à toute forme d'innovation. Étonnamment, le fait d'avoir goûté à l'improvisation très jeune sur le piano de ma mère a certainement instillé dans mon corps et mon cerveau un élément qui m'a aidé plus tard, sans que j'en sois conscient dans un premier temps, à improviser dans mes choix professionnels, musicaux et personnels. Puis à aiguiser mon regard sur les rapports humains, sur l'importance du développement personnel, de l'expression artistique, autant de notions qui tranchaient considérablement avec le reste des principes qui m'ont été transmis.

Je me souviens du tout premier coup de téléphone que j'ai passé pour tenter d'intéresser des maisons de disques à mon travail. J'avais 19 ans, c'était juste après ce cours de trompette où le professeur m'avait fait cette réflexion déplacée sur mes origines arabes. Je longeais la rue de Rome vers la gare Saint-Lazare, sur le trottoir de gauche, loin des vitrines des magasins de musique et des luthiers. Arrivé sur la place, je me suis assis par terre. J'étais sonné par la remarque qui remettait en question toute ma personne, mon identité, ma vie, mes rêves. Puis j'ai aperçu une grande librairie et, par réflexe, j'ai cherché le rayon musique. J'ai trouvé alors une sorte de bible de la musique où sont répertoriées toutes les coordonnées d'agents, de maisons de disques, de labels, d'attachés de presse, etc. Je l'ai feuilletée quelques minutes, et suis tombé sur le contact d'Erato. Pour moi, à l'époque, cette maison de disques était celle qui avait enregistré une énorme partie des disques du grand trompettiste

Maurice André. En dessous du label Erato, il était indiqué : « DÉTOUR », division musiques du monde. Sans hésiter une seule seconde, j'ai pris mon tout premier téléphone mobile que je venais d'acheter quelques jours plus tôt, et j'ai appelé. La secrétaire m'a annoncé que ce jour-là, précisément, le label cessait ses activités. J'ai insisté en expliquant que j'aurais aimé malgré tout rencontrer le directeur artistique, convaincu qu'il travaillerait bien ailleurs ! Elle m'a demandé mes coordonnées, m'a posé quelques questions, et a fini par me dire qu'il me rappellerait s'il était intéressé. L'après-midi même, j'ai reçu un appel. Marc-Antoine Moreau, un homme extraordinaire, découvreur de talents, producteur de nombreux disques, m'a répondu la voix cassée : « Hey garçon ! J'suis pas sûr de pouvoir faire grand-chose pour toi, mais viens au bureau. On est dans les cartons, mais tu me fais écouter. »

Immédiatement, j'ai noté l'adresse et je l'ai rejoint. À l'époque, j'avais enregistré mes maquettes sur un minidisque. Je suis entré dans les bureaux. En effet, il y avait des cartons partout, mais il a pris le temps de m'écouter. Puis il m'a lancé : « C'est marrant ce que tu fais, j'aime beaucoup. Il faut que je te présente quelqu'un. Retrouve-moi ce soir au studio Gang, à côté d'Austerlitz. » Ce soir-là, j'ai fait la connaissance du génial violoncelliste Vincent Ségal. Il produisait un album pour un groupe de musique occitane, Dupain. Vincent m'a à son tour proposé de jouer : « Vas-y, on te met une musique, improvise un truc. » C'était ma toute première séance de studio. Nous étions en 2000. Quelques jours plus tard, Vincent m'a invité à passer dans le même studio pour poser un son sur un autre album dans lequel il jouait. Deuxième séance de studio. Cette fois-ci sur un titre du duo malien Amadou & Mariam. Tandis que j'étais dans ce studio miraculeux, le chanteur et musicien Matthieu Chedid est arrivé. Nous avons fait connaissance et, quelques jours plus tard, il m'a lui aussi demandé de poser un son sur une chanson pop. Troisième séance de studio de ma vie. Encore quelques jours plus tard, Vincent Ségal m'a rappelé pour poser un son sur l'album de Lhasa de Sela. Grâce à qui j'ai rencontré Vincent Delerm et l'ensemble du label Tôt ou Tard. Et ainsi de suite…

Aujourd'hui, Vincent Ségal est l'un des musiciens que j'apprécie le plus, et j'ai eu le bonheur de jouer de nouveau avec lui un grand nombre de fois. Matthieu Chedid est devenu un frère. Marc-Antoine Moreau et Lhasa nous ont tous deux quittés, malheureusement beaucoup trop tôt, mais jamais je n'oublierai leurs bras grands ouverts.

Les minutes, puis les heures et jours qui ont suivi l'humiliation du cours de trompette classique ont été étonnamment les jours les plus providentiels de ma carrière de musicien. On revient à cet adage : « Un mal pour un bien » ! Quoi qu'il nous arrive dans la vie, apprenons à détourner et transformer ce qui nous arrive de négatif en autre chose. C'est une leçon de vie. L'enchaînement de belles rencontres, provoquées par une initiative assez anodine – prendre contact naïvement avec la maison de disques de Maurice André – m'a finalement amené sur des territoires musicaux aussi différents qu'insoupçonnés. Et j'ai eu plaisir à explorer toutes ces expériences.

Dans la vie comme en improvisation, il n'existe pas un seul chemin à emprunter, qui exclurait tous les autres. Au contraire, il s'agit d'une équation avec de nombreuses inconnues. Il y a une infinité de possibilités, de solutions. Aucun chemin n'est par définition mauvais. Aucune improvisation ne peut être considérée comme complètement ratée. Tout est beaucoup plus nuancé. La question n'est plus de savoir si une improvisation est réussie ou non, mais de savoir si, déjà, elle existe ou non. Certes, les auditeurs peuvent ressentir des émotions, commenter, dire ce qu'ils en pensent, mais en réalité seuls les improvisateurs savent ce qui s'est véritablement passé dans leurs émotions, leur corps, si la chimie a pris. Comme en amour, seules les personnes concernées savent s'il s'est vraiment produit quelque chose ou pas. L'improvisation est vécue ou pas. L'artiste ressent cette pleine présence du moment. Si ce n'est pas le cas, ce n'est pas un drame, le monde ne s'effondre pas, on explore d'autres possibilités, d'autres chances, d'autres sillons. La recherche continue. Et la vie aussi !

Si l'improvisation est une recherche de l'inconnu, elle devient nécessairement la recherche du vide. De la plage blanche. Du silence. De ce point de vue, c'est assez vertigineux. On a déjà évoqué la métaphore du saut dans le vide. Je pense que c'est une notion à approfondir. Le vide n'est pas uniquement un gouffre, un lieu vain, stérile, négatif. Le vide est aussi un creux, un réceptacle, le contenant qui attend d'accueillir quelque chose. Le travail de l'improvisateur implique une recherche du vide et du silence : on fait le vide, on déconstruit, on se débarrasse de nombreuses strates d'éducation, de culture, de codes, de connaissances, d'acquis, pour retrouver la feuille blanche, le tableau immaculé, l'état innocent de l'enfant qui apprend à marcher.

Dans la tradition occidentale, il existe une peur du vide et du silence. Or nous découvrons avec la philosophie, l'art et des disciplines comme l'improvisation que la réalisation de soi passe aussi par la conscience de la fin des choses, par notre rapport au néant, et, par extension, à la mort. Dans une salle de classe, si le silence se fait, les élèves se regardent comme si quelque chose n'allait pas, l'inquiétude monte, c'est pour eux synonyme de concentration et donc d'évaluation. Cela signifie qu'on attend quelque chose d'eux. Mais le silence devrait plutôt être synonyme de sérénité, d'apaisement, de création. Pendant le sommeil, par exemple, les sons prennent moins de place, seule la respiration du corps et de la nature alentour rythme le silence de la nuit. Ce sommeil, cette activité au ralenti, cette parenthèse de quiétude est l'une des rares choses communes que nous partageons tous également sur cette terre, y compris avec tous les êtres vivants. Le bébé comme le vieillard ont besoin de sommeil, de ce temps de silence, de cette pulsation interne, nécessaire pour régénérer tout l'organisme, pour recharger nos batteries en quelque sorte. Par extension, au début d'une improvisation, nous recherchons ce silence, cette pulsation naturelle, innée, et nous partons de cette page vierge pour inventer, créer, improviser.

Pour faire le vide, il faut accepter le doute, de ne pas savoir où on va. Il est très compliqué de se positionner comme spectateur de ses propres réflexions, émotions, gestes. De ne pas se sentir obligé de maîtriser tout. Lâcher prise, ce n'est pas retenir, mais accepter ce qui est. C'est laisser l'énergie nous traverser au lieu de chercher à tout prix à résister, à façonner, à créer. Forcée, la création ne sera que la répétition de ce qui a déjà été fait. La création ne doit pas être exclusivement le résultat de ce qu'on fait, de ce qu'on fabrique, avec notre volonté, notre désir, notre imaginaire, nos mains, notre corps. Elle ne doit pas être nécessairement conjuguée à notre capacité à voir ou à écouter. La création, c'est accepter de ressentir et accueillir, intégrer ce qui surgit ou ce qui nous traverse. C'est une forme de méditation. Faire le vide, ce n'est certainement pas arrêter toute conscience, mais maîtriser le flot turbulent de nos pensées et de nos fluctuations pour calmer notre esprit, se concentrer et pleinement vivre l'instant présent. S'ouvrir de façon à ne plus avoir de jugement sur soi, ni sur les autres, ni d'attachement aux émotions qui nous affectent souvent de façon vertigineuse, ni de sentiments de satisfaction ou de déception. Il faut atteindre une forme d'impartialité, accepter chaque note, chaque sensation qui se présente, sans jugement. Laisser advenir ces notes ou ces émotions sans les passer au crible des codes de notre éducation, sans jauger en se disant qu'elles sont « mélodieuses » ou « bizarres », les accepter telles quelles. « Tout ce que je sais, disait Keith Jarrett, c'est que l'improvisation, c'est l'art de s'oublier. Ce qui suppose l'acceptation du risque et de la critique. » On est face à un double mouvement à observer : plus on pratique l'improvisation, plus on apprend à lâcher prise, à accepter le vide et l'inconnu ; et parallèlement, plus on pratique le lâcher-prise, plus on accepte le vide et l'inconnu, plus l'improvisation devient fluide et étonnante.

Je suis souvent impressionné par l'audace de certains créateurs. Souvent, ceux qui me touchent le plus sont ceux qui prennent le plus de risques et non pas ceux qui correspondent à mes goûts habituels. Au cinéma par exemple, prenons *Interstellar* de Christopher Nolan, l'un de mes films préférés. C'est un film de science-fiction, un genre dont je ne suis pas particulièrement familier et qui part d'un scénario *a priori* très commun au cinéma : une famine mondiale et un dérèglement climatique sans précédent menacent de faire disparaître l'espèce humaine. Le héros, Cooper, ancien pilote et ingénieur devenu agriculteur, est envoyé par la NASA dans l'espace afin de trouver une nouvelle planète qui sauvera l'espèce humaine. Rien de très original à Hollywood.

Pourtant, j'y trouve une créativité très rare au cinéma. Non pas dans l'histoire en elle-même, mais dans la manière de la raconter. Sa portée philosophique et poétique. Et puis évidemment, la musique, absolument superbe, composée par Hans Zimmer, et dont l'originalité, au-delà du génie de la mélodie et de son traitement, réside dans l'utilisation d'un orgue d'église, choix complètement à l'opposé de ce qu'on imaginerait pour un film de science-fiction moderne, qui pousserait n'importe quel compositeur de cinéma à s'orienter exclusivement vers le domaine de la musique électronique. Un orgue ! Rien de plus ancien, de plus terrien que cet instrument. Le seul qui ne peut quasiment pas voyager. Le seul qui continue d'être associé à l'improvisation dans les conservatoires pour combler les pauses entre les offices des prêtres, souvenez-vous ! Et c'est celui-là même qu'il choisit pour accompagner le voyage dans le futur et dans l'espace. Quel génie !

Si je prends ce film en exemple pour parler de l'improvisation, c'est pour mettre en avant le rapport entre le possible et l'impossible. Au-delà du choix musical, le film part du constat suivant : pour l'instant, nous ne connaissons pas d'autre planète que la Terre qui soit habitable pour l'être humain. Pourtant, il est urgent de trouver d'autres lieux de vie, car la Terre se révèle de moins en moins vivable. Le réalisateur postule qu'il existe une possibilité de voyager sur d'autres planètes et d'y habiter, même temporairement. Deux idées que nous jugeons crédible cinématographiquement, parce que notre imagination et la science nous encouragent à penser que cela pourra se produire un jour. À ce stade du scénario, l'improvisation est mesurée, nous sommes suffisamment joueurs et amateurs de fictions pour accepter le postulat du film.

Ensuite, les créateurs du film s'orientent vers une proposition encore moins réaliste : les protagonistes vont devoir trouver un raccourci spatio-temporel – ou trou de ver – qui sera le passage vers cette nouvelle planète. Ce tunnel fabuleux permet à Cooper de passer d'un système planétaire à l'autre en un temps record, alors qu'il aurait fallu des siècles pour traverser le vide de l'espace. Il s'agit d'une métaphore intergalactique de l'improvisation, dont les théories scientifiques sont discutables, mais pas complètement rejetées par les plus grands spécialistes de l'univers. Les experts en physique quantique expliquent d'ailleurs que le vide est une porte ouverte vers toutes les possibilités, le vide étant rempli d'énergie. Non seulement le vide n'est donc jamais vide, il est plein, mais en plus il est fécond. « Le vide est la matrice de tout », écrit l'astrophysicien Trinh Xuan Thuan.

Avec cette ambiguïté scientifique fascinante, conjuguée au postulat de départ accepté tacitement, le spectateur est plongé dans un univers à la fois réel, mais aussi totalement impossible à vérifier, et donc scientifiquement fictionnel. Mais c'est à partir de là que la magie opère. Un magnifique conte moderne s'ouvre alors sur le lien que nous avons avec nos enfants, l'importance de vivre avec eux, et de ne pas chercher à aller trop vite ou à partir trop loin au risque de tout perdre, la vie, le temps, l'essentiel. Évidemment, les interprétations des acteurs, et en particulier de Matthew McConaughey, sont impressionnantes de justesse.

On croit alors avoir tout exprimé, tout dit, tout écrit, tout entendu, tout vu, et pourtant il existe encore d'autres univers parallèles à explorer, autant artistiquement que dans l'univers. L'improvisateur est à sa façon un explorateur de ces mondes invisibles. Son travail et son art consistent à chercher au-delà des oppositions, des contradictions, des impossibilités, des trous noirs. Le poème de Dylan Thomas qui sert de leitmotiv au film de Christopher Nolan ne dit pas autre chose : « *Do not go gentle into that good night.* […] *Rage, rage against the dying of the light.* » (« N'entre pas docilement dans cette bonne nuit. […] Hurle, enrage contre la mort de la lumière. »)

Avec une douceur bien à elle, ma grand-mère, Téta Odette, 99 ans, avait fini par apprivoiser la peur du vide, du néant. Elle avait accepté son destin, le ralentissement de ses gestes, le vieillissement de son corps, la perte de sa mémoire… Elle vivait chez moi pendant ses dernières années et nous échangions beaucoup. Des choses de la vie. Des souvenirs. Je me souviens qu'en approchant de la mort elle se remémorait sa lointaine enfance, notamment les dix années passées en pension entre ses 8 et ses 18 ans. Elle s'est sentie abandonnée à ce moment-là, elle ne voyait ses parents que quinze jours par an et se sentait étrangère chez eux. J'étais très étonné et attristé de découvrir cet épisode de sa vie dont je n'avais étonnamment aucune connaissance. Odette, dans les derniers moments de sa vie, repensait à sa mère et à son père. Elle nous disait : « Ils sont là. Je viens de les voir. » Elle avait pourtant toute sa tête, était extrêmement lucide. Pourtant, régulièrement, lorsque je rentrais à la maison, elle me lançait : « Ah ! tu viens de rater maman, elle était là. » Je lui demandais, interloqué : « Quelle maman ? Ma maman était là ? » Elle me disait : « Mais non ! Ma maman, Virginie ! Tu l'as ratée de peu ! » Elle parlait de sa mère, décédée plus d'un demi-siècle auparavant…

Téta Odette n'a jamais cessé d'improviser. Elle avait un avis, un jugement sur tout, mais elle se gardait bien de le partager, car tout pouvait changer, se transformer. Y compris elle-même. Elle avait d'ailleurs trouvé un équilibre stupéfiant. Lors des moments heureux, elle pouvait s'inquiéter démesurément du futur et, quand un malheur survenait, elle gardait une foi inébranlable en l'avenir. Comme si elle avait en elle une acuité lui permettant d'appréhender les cycles de la vie, et agissant de sorte à toujours calmer ses émotions, à toujours anticiper sur le cycle d'après, à avoir une conscience très aiguë du changement, de l'évolution des choses. De cette pulsation naturelle à laquelle il fallait toujours revenir pour se poser les bonnes questions. Téta Odette est et restera à mes yeux un exemple de résilience. Elle a passé sa vie à renaître, drame après drame, pour ne jamais cesser d'entretenir son amour de la vie et le transmettre à ses enfants et à ses petits-enfants. La résilience, une cousine de l'improvisation.

IV

L’improvisation pour mieux vivre ensemble

I

Le temps

Odette m'a appris qu'improviser, s'adapter, être résilient, signifie aussi anticiper, ne pas subir mais agir, impulser, stimuler. À force d'improviser avec des élèves et des musiciens, j'ai réalisé la force de cette anticipation de groupe. Quand on est plusieurs à penser très fort dans une direction, à moduler notre son ensemble pour orienter une mélodie, à s'écouter et à se regarder pour se préparer ensemble à affronter et à vivre pleinement ce qui n'était pas prévu, on donne une impulsion particulière à notre travail. J'ose croire, et j'en suis convaincu, que c'est une impulsion positive. Si je fais des comparaisons très simples, cela revient à être celui qui voit le verre à moitié plein. De certaines personnes, on dit qu'elles ont de la chance, mais en réalité elles ne cessent de la chercher, de la provoquer, de se mettre en situation de pouvoir l'accueillir aussi. C'est une disposition d'esprit, une forme d'anticipation des choses de la vie qui rejoint complètement l'art de l'improvisation. Ainsi, quand je rencontre un groupe de musiciens que je ne connais pas encore et que nous devons improviser ensemble, je pars toujours du principe que l'improvisation va être géniale. Mon grand-père Rushdi, le mari d'Odette, disait ceci : « Il faut toujours être gentil et bienveillant avec les gens qu'on ne connaît pas et partir du principe qu'ils sont bons », puis il ajoutait : « Jusqu'à preuve du contraire. » C'est pourquoi, dans cette dernière partie, j'aimerais réfléchir à tout ce que l'improvisation peut nous apporter d'humanité.

Dans le film *Interstellar* que j'évoquais plus haut, se pose la question du temps. Les penseurs s'y cassent le nez depuis l'Antiquité, on ne va pas prétendre la régler en un paragraphe. L'improvisation quant à elle nous conduit à être pleinement dans le moment présent. Encore une fois, comme en méditation, c'est une activité, un art, une action qui n'a de sens et d'effet que si nous vivons totalement ce moment, en pleine conscience, dans un état de concentration, de présence absolue. Aucune improvisation n'est possible si l'on ne recherche pas cet état. L'improvisation possède donc sa propre temporalité. C'est cette temporalité qui donne son existence à l'improvisation, avec un début et une fin. L'improvisation n'existe et n'a de sens que dans cet espace-temps défini, non renouvelé, unique et éphémère. Comme la vie.

Tandis que nous ne savons rien du commencement du monde ni de sa fin, que l'on se fait peur en imaginant les pires scénarios apocalyptiques, que nous ne partageons même pas un calendrier identique selon les cultures et les religions, nous avons tout de même réussi à nous mettre d'accord sur une seule valeur : le décompte scientifique du temps, les secondes, les minutes, les heures, les jours. N'est-ce pas un bon point de départ pour une improvisation avec bientôt huit milliards d'individus ? Nous avons ces deux uniques points communs : le battement de nos cœurs, rythme décidé par la nature, ainsi que la pulsation de la seconde, décidée par l'homme qui a étudié la nature. Dans une improvisation collective, nous recherchons cette respiration commune.

Imaginons un instant que ce temps que nous avons en partage soit le tremplin vers la paix. Nous pourrions lui donner une place bien plus importante dans nos vies. Nous pourrions le remplir pleinement pour chercher, nous chercher, créer. En musique, ce temps de création est l'improvisation. Il n'est pas question d'une pulsation proposée ou imposée par un musicien, et que les autres reprennent et suivent. Je parle véritablement d'une pulsation engendrée par le groupe, dans laquelle chacun a apporté un élan, un souffle, une vibration. Ensuite, on modifie petit à petit cette pulsation originelle, née d'une cacophonie, d'un chaos naturellement humain, pour en faire une donnée stable d'identité, révélatrice de nos relations. La pulsation devient une sorte de transe. Chacun va contribuer à faire vivre et à entretenir cette nouvelle pulsation à sa façon. Chacun s'engage dans cette création pour maintenir l'attention, l'écoute, le dialogue, assurer une pérennité à ce battement dont nous sommes tous originaires. En général, on prend soin de ce qu'on a créé ensemble, on y tient, on est conscient et respectueux du travail, des efforts de chacun. On ne veut pas laisser disparaître ce rythme. On se sent tous concernés.

En improvisation, on valorise cet espace de recherche, de partage et de témérité. J'expliquais plus haut comment se passent les cours d'improvisation que je donne, et je racontais que les élèves souvent, au début, ne sachant pas quoi inventer, vont puiser dans le répertoire qu'ils connaissent par cœur. Je disais qu'à un moment donné leurs doigts glissent, hésitent, se trompent, et les élèves s'arrêtent net, estimant souvent, à tort, que c'est un « échec ». À cet instant, le chemin qu'ils n'avaient pas prévu s'ouvre et ils doivent se frayer une nouvelle voie. Alors ils essaient, se posent parfois trop de questions, hésitent, regardent les réactions des autres, et c'est à travers ce tumulte créatif qu'ils vont peu à peu inventer une idée.

Je reviens sur ce processus pour insister sur le fait qu'il prend beaucoup de temps. Or on ne nous apprend pas à prendre notre temps, et *a fortiori* notre époque n'a jamais été aussi pressée. Il me semble donc que la première chose qu'il faudrait changer dans l'enseignement actuel, et peut-être plus profondément dans nos vies, c'est notre rapport avec le temps. À l'opposé du rythme actuel qui veut que tout aille plus vite : la 5G, les transports aériens, l'information sur les réseaux sociaux, même notre pas dans la rue s'est accéléré… Pourtant, je suis intimement persuadé que la créativité a besoin d'un temps beaucoup plus long. Cela n'exclut pas qu'il existe dans l'histoire de l'art certains génies qui ont traversé la vie tels des étoiles filantes et produit des œuvres absolument magistrales et essentielles. Pour beaucoup d'artistes, le temps fait partie du travail, voire de l'œuvre en elle-même : la recherche, les erreurs, les expérimentations, les tentatives, les sillons… Il est difficile de le quantifier et de le limiter. Seul le chercheur ou le musicien sait à quel moment il a « trouvé » son chemin créatif personnel au service du collectif. Souvent d'ailleurs, il trouve complètement autre chose que ce qu'il cherchait au départ. On en revient à la sérendipité.

Malheureusement, la vérité est que notre époque nous presse, à rendre notre copie, à produire vite et toujours plus, à « gagner du temps ». Le temps est devenu une denrée consommable, nous courons toute notre vie après le temps qui passe trop vite, nous voulons tout faire en même temps et à toute vitesse. Nous oublions de vivre, de prendre le temps de faire les choses, d'être pleinement dans le moment présent et parfois de chercher et de nous chercher. On avance en flux tendu de peur d'être à la traîne et rejeté par le système.

On me dit parfois que j'ai un rythme de vie et de travail très intense et que je fais dix mille choses à la fois. C'est vrai en partie. Je crois que c'est lié à la peur de la fin. Que tout s'arrête. La peur de m'ennuyer. Et heureusement, les moments où j'arrive à me déconnecter de ce rythme frénétique sont consacrés à ma famille et à l'improvisation. L'improvisation, comme la méditation, m'aide à me concentrer, à entrer dans un temps long où je peux me consacrer entièrement à ma recherche. Mais je me rends compte, au fur et à mesure que le temps passe, que j'oublie à quel point s'ennuyer est essentiel à la créativité aussi. Prendre le temps de ne rien faire, de laisser les idées éclore par elles-mêmes.

Dans l'enseignement, le même temps long est nécessaire et extrêmement bénéfique. Comprendre, c'est avant tout chercher à comprendre. Et donc d'abord à se tromper. Lorsque, dans le cadre des études ou d'un jeu, on demande à un élève ou à un enfant de « trouver » le résultat d'une question ou d'un problème, on se trompe de vocabulaire. Et ce n'est pas anodin, malheureusement. Nous devrions lui demander de « chercher ». En lui demandant de « trouver », on part du principe que l'essentiel est le résultat. En lui demandant de « chercher », le chemin se place au centre. La recherche doit être revalorisée. Inciter à trouver, c'est pousser l'élève à ne voir que le résultat, et donc parfois peut-être à tricher pour ne pas décevoir. Il va ainsi passer à côté du sens de la compréhension. Chercher me semble bien plus constructif, l'enfant sait alors qu'il peut et a le droit de se tromper, il osera donc davantage, ce qui démultipliera ses chances de trouver.

Chercher implique que la démarche peut prendre un certain temps. Trouver induit l'immédiateté.

Ce temps de recherche est essentiel à l'apprentissage, à la maturation des idées, à nos vies, à nos sociétés, à la politique aussi. Hésiter, chercher, tenter des choses, prendre le temps de la réflexion, plutôt que de donner un résultat rapidement, clé en main. L'enseignement et le système de sélection devraient tenir compte de facteurs aussi importants que le temps. Se donner le temps, et donc les moyens, de faire des erreurs et de les corriger, d'ajuster, d'affiner, d'approfondir, de chercher encore. Il est intéressant d'identifier les pays qui ont dévalorisé les métiers basés sur la recherche, le temps et l'erreur. Trois valeurs pourtant indispensables à notre futur. Les ignorer peut être lourd de conséquences. En France, les chercheurs et les professeurs n'ont jamais été aussi peu respectés et rémunérés qu'aujourd'hui, alors qu'ils sont les leviers de demain, nos seuls espoirs pour faire évoluer les mentalités et les mœurs.

Le temps, enfin, c'est aussi le temps passé ensemble. Qu'il s'agisse d'une improvisation, de la vie de famille, des amis, de nos proches. J'ai le sentiment que nous perdons une valeur qui, à mes yeux, est essentielle : le respect de nos aïeux. Nous ne prenons pas le temps d'échanger avec eux, de die ce que nous avons sur le cœur, de parler de leurs erreurs, de leurs imperfections. Un jour arrivera où il sera trop tard. La douleur et le silence auront creusé une trop grande distance pour reprendre le dialogue sereinement. Cette distance nous empêche de nous aimer complètement.

Quel est le lien avec l'improvisation, me direz-vous ? L'erreur, le temps, l'humilité, le dialogue. Savoir pardonner les erreurs de nos parents et ne pas rejeter tous nos problèmes sur eux ou sur notre éducation. Nous devrions persévérer dans le dialogue, même s'il est difficile, interrompu, sporadique. L'improvisation en musique nous apprend qu'il n'y a finalement que peu de causes véritablement perdues. Toutes les fausses notes sont rattrapables. Le temps soigne, répare, surprend, génère de nouveaux chemins insoupçonnés.

Lorsqu'on improvise, le début peut être chaotique, et la suite va donner du sens à ce début. Si je vais plus loin, je dirais même que souvent, lorsque j'écoute une musique, si le début est trop séduisant, trop sucré, j'ai tendance à anticiper la suite et à être déçu à la fin. *A contrario*, lorsqu'une musique prend son temps pour se développer, se construire avec ses fragilités et ses oscillations, sans feu d'artifice dès l'ouverture, en tant qu'auditeur je l'apprivoise, j'apprends à la comprendre, elle attise ma curiosité, je vais suivre son chemin que j'ignore. Je serai en permanence surpris.

Il y a un autre jeu auquel j'aime jouer avec ma fille. Je démarre en prononçant un mot ou un groupe de mots qui, selon toute vraisemblance, tend vers une signification évidente. Par exemple « je ». Ce pronom personnel nous encourage à poser un verbe en le conjuguant à la première personne du singulier : « je vais », « je prends », « je donne ». Or l'objectif ici est de bifurquer immédiatement vers autre chose. Ainsi, « je » deviendra « jeu »– ou bien « jeu-di ». Autrement dit, on se détourne immédiatement du sens évident pour surprendre. Rapidement, ce jeu a ses limites, mais le principe est assez intéressant. Il nous apprend qu'aucune phrase n'est aussi prévue qu'elle en a l'air. Tout est finalement sujet à transformation. Même dans les choses les plus simples. L'imprévu est partout. Et cet exercice ludique permet d'habituer notre cerveau à cet état d'esprit.

En musique comme dans la vie, le chemin ne dévoilera son sens qu'au fur et à mesure, voire vers la fin. Il faut faire confiance au musicien, au groupe. De cette confiance et de cette patience naissent, souvent, de très belles musiques. Si nous commençons à lire un roman dont nous connaissons déjà plus ou moins la fin, le suspense est neutralisé, nous ne sommes pas très motivés pour continuer. Dans la vie, il en va de même. L'intérêt, et le sens même de notre vie, est aussi de n'en connaître ni les péripéties ni l'achèvement. On peut avoir vécu toutes les vies possibles, il restera toujours la possibilité de donner à notre vie, à cette improvisation gigantesque, un nouveau sens, et cela jusqu'au dernier souffle. Odette, ma grand-mère, s'est accordée aux cultures dans lesquelles elle a vécu, elle a appliqué ce mantra : « je m'adapte », et en a fait le sens de sa vie. La direction et la signification. L'improvisation nous apprend cela. L'humilité.

2

Une philosophie de vie

Pratiquer l'enseignement n'est pas qu'une question d'érudition. Il s'agit aussi de transmission, de filiation, d'harmonie et de confiance entre les générations, entre professeur et élèves, d'harmonie des esthétiques et des rapports humains dans le cadre de l'art. De mon expérience, j'ai tiré quelques leçons personnelles. Tout d'abord, j'ai le sentiment que cette transmission ne doit pas être faite uniquement à travers le prisme de la valorisation du professeur, de son ego, sa carrière ou son autorité. Bien au contraire, ce qui doit unir le professeur à son élève, c'est l'esprit de groupe. Le duo forme une équipe. Et s'il y a un professeur et plusieurs élèves, le professeur est un guide, un conseiller, pas une autorité.

Enseigner l'improvisation est une école magnifique de confiance en soi et de confiance en l'autre. C'est une école de la connaissance de soi et de l'autre. Un jeune à qui on apprend à exprimer ses émotions, et donc à les maîtriser, à mieux se connaître, à écouter ses camarades, à être attentif à ce qui se passe autour de lui, à avoir confiance dans le groupe, à développer une confiance en lui, sera déjà doté d'un bagage solide pour avancer dans sa vie. Sa vie scolaire, professionnelle mais aussi personnelle. Cette solidité lui permettra de ne pas baisser les bras à chaque échec, de ne pas perdre confiance à chaque faux pas. De ne pas se surestimer non plus au risque de ne jamais se réaliser véritablement.

Comment vivre avec l'autre ? Comment improviser avec les autres en respectant l'espace, la liberté, le désir de création, le rythme, le style, l'harmonie, la tonalité, le volume sonore, tout en ayant le même espace de liberté qu'eux ? Comment se mettre d'accord si les envies ne cessent de changer ? Comment composer et trouver un consensus avec les nombreuses personnes qui nous entourent et avec qui nous devons vivre, travailler, faire famille, faire société ? Là encore, l'improvisation collective peut nous apporter quelque chose en ce qu'elle nous forme à la vie en collectivité. Au sein de la société. Dans la cité. Pourquoi l'improvisation ne serait-elle pas aussi indispensable à notre écosystème que l'éducation physique ? Imaginons que, dès l'école maternelle, on nous enseigne l'improvisation comme une discipline à part entière. Nous apprendrions à nos jeunes à composer très tôt avec les données variables de nos sociétés, à innover face aux métamorphoses permanentes, à comprendre d'où elles viennent, comment les envisager, comment exprimer ce que l'on a à dire, comment se faire entendre sans écraser les autres. Cela donnerait à nos élèves une confiance extraordinaire en eux, mais aussi en ce qu'on leur enseigne.

Plus nous sommes nombreux, plus il faut trouver ce « dénominateur commun ». Plus nous sommes différents, plus il est nécessaire de choisir l'élément le plus fédérateur. Nous pourrions ainsi apprendre à nos enfants à ne pas seulement chercher une information, mais leur expliquer aussi que celle-ci peut être variable, relative. Qu'une science n'est jamais exacte, qu'une harmonie est toujours relative à une tonalité, qu'un geste peut avoir plusieurs interprétations possibles, qu'un début de phrase peut aboutir à de nombreuses fins, qu'une victoire n'est pas toujours une victoire pour tous, qu'un échec n'est certainement pas la fin d'une histoire, que nos yeux peuvent voir quelque chose d'erroné et nos oreilles entendre mal, et qu'il existe des choses essentielles que nos sens perçoivent mais auxquelles nous ne prêtons pas attention.

En février 2015, nous avons organisé à Paris la première improvisation géante au monde. Deux mille quatre cents musiciens, invités à mon initiative en collaboration avec Musicora, le salon de la musique. Des familles, des jeunes, des moins jeunes, des professionnels, des néophytes, des fanfares, des djembés, des kazoos, des trompettes, violons, saxophones, tubas, guitares par dizaines, et d'autres instruments encore, sans compter les chanteurs ou percussionnistes ! Il a fallu trouver un dénominateur commun à tout ce joyeux bazar. En travaillant, notre capacité d'écoute s'est affinée. Au début, on peut penser qu'un tabla indien ne serait pas capable de s'associer avec une guitare classique ou un djembé africain. On s'imagine qu'on va devoir jouer une pièce aussi précisément que si elle était écrite. Mais on s'aperçoit rapidement que l'essentiel est ailleurs. Vivre avec les autres est une improvisation permanente et peut devenir un plaisir comme un enfer. Tout dépend de l'écoute. L'homme s'adapte à une vitesse vertigineuse aux différentes configurations qui se présentent à lui, mais encore faut-il qu'il soit habitué à s'adapter. Or c'est dans la nature même de l'homme de s'adapter. C'est sa définition la plus claire. L'existence même de l'homme dépend de son adaptation et de sa capacité à se mélanger.

Nous sommes tous issus d'une origine commune : une cellule, un chromosome. La plus grande leçon d'humanité réside dans cette équation vertigineuse de l'infiniment petit et de l'infiniment grand. La génétique a prouvé que la seule façon de régénérer nos cellules de manière saine est de mélanger nos génomes. La survie de notre espèce dépend de notre capacité à nous rencontrer, à nous mêler, à nous croiser. Et sans doute à trouver une autre planète pour vivre, puisque nous avons définitivement pollué et détruit celle sur laquelle nous sommes nés. L'infiniment petit et l'infiniment grand nous enseignent donc que la stagnation, c'est l'extinction.

Dans l'art, censé être l'expression de la société à travers le regard du créateur, l'étude de soi passe par l'analyse du contexte dans lequel nous évoluons. Et inversement. Le moi et l'autre sont donc indissociables. Bien sûr, il n'est jamais très aisé de partager son monde avec celui qui diffère de nous. Et qui plus est, lorsque les différences sont trop importantes et que l'individualisme et la méfiance vis-à-vis de l'autre sont en vogue. C'est précisément dans ces moments-là qu'il devient indispensable de penser à nos dénominateurs communs ! Dans la musique, il suffit de partager cette fameuse pulsation commune, ce battement de cœur qui nous rend si proches. C'est ce que nous avons fait avec les 2 400 personnes réunies ce jour-là, un mois après les attentats de *Charlie Hebdo* et de l'Hyper Casher à Paris : chercher un point commun musical. Quelques mois plus tard nous avons réitéré cette expérience d'improvisation géante le 21 juin, à la Fête de la musique, dans le jardin du Palais-Royal. Cette fois-ci nous étions 10 000 ! Peu importe qui vous étiez, quel statut social, quelle religion, quel style de musique vous affectionniez, votre place était là. Pour partager ensemble cette pulsation.

Certains espéraient peut-être participer davantage, avoir un temps d'expression uniquement pour eux, où ils auraient pu jouer quelque chose de fort, de sensible, d'important. Mais ce n'était pas l'objectif. Il ne s'agissait pas de regrouper 10 000 expressions individuelles ! Certainement pas. Il s'agissait de faire en sorte que ces 10 000 personnes s'expriment d'une seule et même voix. Unies malgré les différences, malgré la douleur, le désarroi, et peut-être aussi unies pour vaincre la peur de ne plus avoir envie de trouver ces points communs. Le résultat était stupéfiant et bouleversant. La symbolique forte. L'événement avait pour but de montrer une solidarité au service de l'art et du dialogue. Ce fut un moment de joie exceptionnel pour tous ceux qui étaient présents. La France venait de traverser l'une de ses pires années de terrorisme. Le peuple français n'avait plus de voix face à tant d'horreur. Plus de mots.

Il ne reste, dans ces moments-là, que deux possibilités. Le silence pour faire le deuil. Et la musique pour réparer. La magie de cette improvisation réside dans la capacité qu'ont eue ces milliers de personnes à se mettre finalement d'accord sur une pulsation commune. Ce rythme, en référence au rythme cardiaque et donc à la vie, était un symbole puissant. Ce rythme, ainsi que les silences qui ont précédé et suivi, symbolisant notre représentation sonore de la mort, sont certainement les deux plus beaux dénominateurs communs que le monde nous ait offert de partager.

C'est pourquoi je cherche à les célébrer sans relâche. Être reliés au rythme comme au silence est une façon de se relier les uns aux autres, d'être en paix, donc d'œuvrer plus largement et idéalement pour la paix. Faire de la gigantesque famille des musiciens une famille à part entière. Certains pourront me juger utopiste, naïf ou politiquement correct. Ma réponse est mon action : j'essaie d'imaginer des solutions. Si nous commencions à éduquer nos enfants sur les principes de l'improvisation détaillés dans ce livre, je crois sincèrement que l'on se donnerait une chance de faire un pas vers une meilleure écoute et compréhension des uns et des autres. Cela peut sembler élémentaire et c'est tant mieux, car ce qui est évident n'est plus à expliquer. Mais cela a aussi le mérite d'être efficace et de fonctionner vraiment. Bien sûr, l'improvisation ne réglera ni les guerres, ni les conflits régionaux, ni les querelles familiales, elle ne résoudra pas le problème de la faim dans le monde ou de l'accessibilité à l'eau potable… Bref, je veux dire par là que je ne suis pas un simple utopiste. Je propose simplement d'essayer de développer cette pratique douce et modeste, et de prendre conscience de tout ce qu'elle peut nous apporter de bénéfique.

Je reconnais même les limites de ce que je viens de développer. Face à l'injustice, à la jalousie, à l'égoïsme, à la violence gratuite, au racisme, il est malheureusement bien difficile de se trouver des points communs. On ne force pas quelqu'un à dialoguer. On ne force pas quelqu'un à aimer.

En mars 2017, je me suis trouvé confronté à ce que je considère comme le plus grand malentendu de ma vie. Celui qui laissera certainement une cicatrice définitive chez moi, ma famille, mes collaborateurs et mes amis. Une attaque injuste et injustifiée d'un journal qui, sans avoir enquêté, a publié une information erronée, incomplète, et m'a accusé d'agression sur mineure en me présumant d'emblée coupable. Il n'y a rien de pire. Le temps s'est arrêté brutalement. Toute la presse française et une partie de la presse internationale ont relayé l'information sans se soucier de la véracité des propos tenus par ce journaliste qui a sciemment omis de faire une enquête objective, en recueillant au moins les deux versions de l'histoire. J'ai eu beau m'égosiller pour clamer mon innocence et nier l'ensemble de ce qui m'était reproché, d'autres journalistes peu scrupuleux se sont servis d'extraits de mes propos pour laisser planer le doute, prétendant que j'aurais reconnu une partie des faits qui m'étaient reprochés. Ce qui est faux.

Trois ans plus tard, la justice a finalement fait son travail. Le 8 juillet 2020, j'ai été innocenté par la cour d'appel de Paris. C'est une décision définitive. Et, le 21 janvier 2021, le journaliste et la directrice de publication à l'origine de cet article ont été lourdement condamnés pour l'article mensonger. La justice a considéré que l'article était de mauvaise foi. Le journal n'a pas fait appel. Aussi, la décision est devenue également définitive. Une fois de plus, je constate avec tristesse combien les médias et réseaux sociaux s'enflamment dès qu'il s'agit d'accuser et se taisent quand il faut au contraire réparer et s'excuser.

De nombreuses personnalités du monde médiatique et journalistique, mais également d'éminentes personnalités féministes, telles qu'Élisabeth Badinter, ont eu le courage d'évoquer la dérive que fut le traitement médiatique de cette affaire. Pourtant, la haine générée par cet article fut incommensurable. J'ai tenté à de nombreuses reprises d'expliquer, de montrer les nombreuses preuves de mon innocence qui évidemment n'ont intéressé personne pendant les trois années et demie d'enfer, mais que la justice a pu constater, apprécier et étudier méticuleusement. Il n'en demeure pas moins que des articles de médias réputés sérieux continuent de laisser entendre que j'aurais échappé à la justice par manque de preuves…

Si j'évoque cet épisode terrible, c'est parce que j'ai vécu le manque de communication comme un échec de ma vision – peut-être un peu naïve – des rapports humains. Ma réponse fut d'attendre que la justice agisse, j'ai pris mon mal en patience. J'ai appris à me taire et à accepter qu'il puisse y avoir des situations où le dialogue, la musique, l'improvisation, ne servent plus à rien. Je trouve cela terriblement triste, mais c'est un aspect de notre monde qu'on ne doit pas faire semblant de ne pas voir. Si j'ai gagné tous les procès de cette affaire, j'ai également décidé de ne pas poursuivre tous les médias. On ne peut pas se battre *ad vitam aeternam*. Il y a un jour où il faut accepter que certaines personnes ne nous aiment pas. Je reviens donc là-dessus : on ne force pas quelqu'un à aimer.

Dans un champ plus léger, je me suis retrouvé, il y a une quinzaine d'années, dans un concert où on m'avait proposé d'improviser avec deux musiciens que j'admire et que j'aime beaucoup, le pianiste serbe Bojan Z et l'oudiste tunisien Dhaffer Youssef. Nous avons commencé à improviser, à jouer et à créer. Mais, après un peu plus d'un quart d'heure, et alors que Bojan Z et moi n'avions pas fini d'échanger sur les idées nouvelles, Dhaffer Youssef a choisi de mettre fin au dialogue sans nous consulter. L'improvisation était encore en cours quand il s'est mis à ranger bruyamment et ostensiblement son instrument dans sa boîte, à la verrouiller très vivement, à se lever et à s'en aller. Le dialogue n'était pas terminé, mais quelque chose avait dû le gêner. Là aussi, quelle frustration ! J'ai vécu ce moment comme un affront, un manque de respect, avec le sentiment qu'on ne s'était pas tout dit. Avec le temps, j'ai analysé cette soirée avec une autre grille de lecture. On ne peut pas forcer quelqu'un au dialogue. Il avait le droit de ne pas désirer dialoguer plus longtemps. Certaines personnes ont besoin de s'exprimer à un moment donné, mais peuvent également désirer ne pas dialoguer. Et cela doit aussi être respecté. Chacun peut faire le choix de ne pas chercher de point commun ni de dialogue avec l'autre.

Je suis conscient des limites de ma démonstration, aussi je vois ce livre comme une proposition d'amélioration, et non comme un texte dogmatique sur ce qu'il faudrait faire ou ne pas faire.

J'aperçois un autre écueil dans l'improvisation : si elle n'est pas valorisée dans le monde musical, si on ne lui donne pas la place qu'elle mérite à mon sens, il se peut que l'intérêt pour cette discipline se développe « par défaut ». Ce qui dévaloriserait considérablement sa pratique, car elle ne serait plus qu'un chemin alternatif, moins prestigieux et plus facile d'accès, une voie de rattrapage sans intérêt. Ce serait très regrettable. En effet, je suis convaincu que cette discipline doit être reconnue, adaptée et intégrée dans l'écosystème pédagogique, et qu'elle doit être enseignée et pratiquée avec excellence et exigence. Alors, elle pourra vraiment influencer le sens de la création, et donc de la vie, et des rapports humains.

Au-delà de la connaissance de soi et de l'autre, à mon avis essentielle à toute construction d'identité, l'être humain peut désirer prendre la parole pour participer à l'élaboration de ce monde qui nous dépasse, et ainsi reprendre le contrôle sur son destin. Ainsi, mon expérience de l'improvisation m'a amené à m'ouvrir à d'autres réflexions et actions : transmettre, être plus responsable, m'engager. Cette étape qui constitue le cœur de ma réflexion ne peut exister que si l'improvisation est assimilée, utilisée, développée, enseignée, critiquée, déconstruite et reconstruite mille fois. C'est ainsi qu'on participe plus activement à la vie de la cité, à la vie en collectivité. L'improvisation, comme beaucoup d'œuvres d'art quand elles sont partagées, peut se poursuivre au-delà de la performance ou du concert et contribuer à l'évolution du monde, de nos mentalités, de nos sensibilités. Quand nous participons à une improvisation collective, nous avons une responsabilité collective, celle de transmettre ce qu'on nous a enseigné, puis ce qu'on a inventé nous-mêmes, mais aussi et surtout la confiance, le désir et l'énergie qui donnent aux générations futures l'envie de créer à leur tour et de transmettre.

Accumuler des connaissances, les organiser, élaborer des méthodes d'apprentissage pour mieux transmettre, plus vite et plus efficacement, est la seule chose qui nous différencie des autres êtres vivants. Aucun autre être vivant n'a cette capacité de stocker des connaissances et de les transmettre de génération en génération. En cela, transmettre l'art de l'improvisation est pour moi une philosophie de vie. Et j'ai l'audace de croire que cela peut constituer un projet concret de société, à la fois de très grande ampleur et peu coûteux. C'est une foi en notre capacité à nous améliorer, un pacte collectif: continuer à chercher ensemble des idées, des sons, des pistes, de nouveaux sillons, sans se laisser accabler ni accaparer par le chaos, la violence, les divergences, les conflits, les crises. C'est apprendre à accepter que les choses naissent, vivent, se transforment et meurent. C'est avancer ensemble, surmonter les obstacles, s'entraider et valoriser nos différences.

3

Se métisser pour mieux créer

Improviser à plusieurs est donc une tentative d'échanges. Ce dialogue créatif est essentiel à la construction d'une société, si toutefois nous sommes bien d'accord sur l'objectif qui serait de vivre ensemble en harmonie. Objectif parfois perdu de vue par certains, qui profitent de ces difficultés pour ériger des murs et exacerber tout ce qui nous sépare les uns des autres.

La liberté artistique fait partie de ces libertés régulièrement bafouées. J'ai entendu un jour une phrase très emblématique de notre époque dans la bouche d'une élue d'extrême droite, à propos d'un réseau culturel censé promouvoir une culture française plus « vraie » et plus « française ». Elle disait ceci : « Cela participe des politiques publiques anti-culturelles que de survaloriser ces cultures alternatives pour affaiblir le modèle traditionnel, classique, de la culture française. »

Peut-on concevoir un monde où l'évolution culturelle, la rencontre des musiques, des arts, ne se ferait pas autour des notions de partage et de métissage ? Y a-t-il eu, un jour dans l'Histoire, quelque évolution artistique ou esthétique qui n'ait jamais revendiqué aucune inspiration exotique ou étrangère ? Une culture se construit, se déconstruit, se reconstruit, se renouvelle et s'enrichit de tous les apports extérieurs. Elle n'est jamais acquise, jamais achevée. Elle évolue perpétuellement. Comme les langues. La langue française est née dans le latin et le grec, puis s'est inspirée de l'arabe, des cultures germaniques et anglo-saxonnes. Et ce n'est pas terminé… La linguistique est une discipline passionnante pour comprendre d'où l'on vient, de quoi notre culture s'est déjà nourrie dans le passé, et comment se mélangent les connaissances, les cultures, pour créer un monde nouveau et esthétiquement plus riche.

L'art est un perpétuel renouvellement de nos cultures qui se métissent de siècle en siècle. Comment un art, une culture, une identité, fermés sur eux-mêmes, confinés, endogamiques, reproduisant sans cesse les « traditions » par crainte d'être altérés peuvent-ils espérer survivre ? Ils ne peuvent que survivre dans un musée ou dans un « conservatoire ».

Pourquoi ce besoin de cloisonner les genres, les gens, les cultures ? Je ne sais que trop bien, hélas, combien la haine est liée à la peur et à la méconnaissance de l'autre. Est-ce la peur de disparaître, d'être effacé, de voir sa culture, ses origines oubliées ?

On entend souvent dire que la culture nord-américaine a bénéficié d'une diffusion internationale grâce à la politique de *soft power* expansionniste du gouvernement. N'oublions pas que les États-Unis ont intégré et mélangé de nombreuses cultures pour proposer un art populaire, métissé et compréhensible par le plus grand nombre. Alors que l'Europe a souvent préféré valoriser l'art de façon très élitiste. Les métissages culturels inhérents à la culture américaine, l'histoire de ce pays gigantesque et sa façon de gérer le brassage culturel en ont fait le pays le plus accessible culturellement au monde. Tout en conservant une véritable exigence artistique. Ce n'est pas un hasard si tous les artistes du monde rêvent de percer aux États-Unis. Le rêve américain n'est pas uniquement une invention des Américains. La culture américaine est inclusive. Elle est née de l'agrégation de plusieurs cultures fières et indépendantes, associées en un projet de culture commune. D'où une culture nationale métissée qui n'en efface aucune.

Prenons l'exemple des récompenses des Grammy aux États-Unis. Phénomène unique et incroyablement complexe mais qui rend justice à toutes les cultures américaines : les plus connues (pop, hip-hop, RnB, country, jazz, musique classique, etc.), ainsi que les catégories plus spécifiques mais tout aussi respectées et prestigieuses (musique latino, baroque, ensembles de musique contemporaine, albums de Noël, musique africaine, etc.). Il est intéressant de noter que les métiers techniques sont également primés : meilleur arrangement, meilleur album vocal, meilleur album instrumental, meilleure prise de son, meilleur mixage, etc.

En France, notre histoire est certes différente. Nous cultivons un idéal d’intégration parfaite – plus ou moins confondue avec la notion d’assimilation qui revêt une dimension plus coloniale –, et pensons que les cultures doivent s’effacer au bénéfice d’une seule culture nationale commune. On gomme nos différences, nos spécificités et nos spécialités, sous prétexte que nous serions tous égaux. Or être égaux ne signifie pas se ressembler tous. Aux Victoires de la musique, il existe très peu de catégories puisqu’il n’y a pas de volonté de mettre en valeur les différences culturelles françaises. Seules les grandes catégories sont représentées (pop, hip-hop, etc.). Les musiques spécifiques, venues du Maghreb, d’Orient, d’Afrique, d’Asie, de Bretagne, de Catalogne sont regroupées sous un seul titre : « Victoire de l’album Musiques du monde » alors qu’elles font partie de la culture française. Je peux me permettre d’en parler d’autant plus librement que j’ai moi-même reçu ce prix. Cette récompense fut un véritable tournant dans ma vie de musicien. Mais pourquoi me considérer comme un musicien « du monde » ?

Je suis français jusqu’au bout des ongles. Ma musique est française. Même si je suis d’origine libanaise. Ma musique n’a jamais été rien d’autre que le résultat de ma culture française, en tant que Français d’origine libanaise.

Et pourtant, j'étais classé dans la case « musique du monde ». Lors de la remise de ce prix prestigieux, j'étais partagé. D'un côté, un sentiment incroyable de fierté, car j'étais le premier artiste instrumentiste, non chanteur, à recevoir une Victoire de la musique depuis la création de cette récompense. (Il n'y a pas, à l'heure où j'écris ces lignes, d'autre instrumentiste ou album purement instrumental ayant reçu une Victoire de la musique en France.) Et d'un autre côté, j'étais interloqué. Pourquoi ne pas créer une catégorie « musique instrumentale » ? Le label « musique du monde » me donnait un sentiment paradoxal d'être à la fois intégré et reconnu dans le monde de la musique en France mais en même temps d'être considéré comme un étranger dans mon propre pays. Ou alors regardons les choses plus globalement. À l'échelle internationale, la chanson française n'est-elle pas elle aussi une musique du monde ? Le chant grégorien ou la musique baroque ne sont-ils pas des musiques du monde ?

Finalement, et après toutes ces réflexions, ne pourrait-on pas envisager les métissages, les inclusions culturelles, non comme des spoliations mais comme des enrichissements ? Il y a quelques années, je suis allé dans une grande enseigne culturelle à Paris, car je souhaitais offrir à un ami un livre de mon oncle Amin Maalouf, auteur français d'origine libanaise, vivant depuis plus de cinquante ans en France, ayant toujours écrit en français, ayant reçu le prix Goncourt en 1993 et membre, depuis

2011, de l'Académie française. Je me souviens avoir cherché pendant plus d'une heure, en me disant qu'il n'était pas possible que les livres d'Amin ne soient plus dans les rayons, car c'est un auteur très connu en France. Je me suis renseigné auprès du chef de rayon qui m'a répondu ceci : « C'est normal, monsieur, que vous ne l'ayez pas trouvé dans le rayon des auteurs français, car il est dans les auteurs francophones. »

En 2018, j'ai été invité par l'immense jazzman Wynton Marsalis et le festival Jazz in Marciac à composer tout un programme et à le présenter en duo avec lui. J'étais très honoré, car il représente pour moi l'excellence absolue dans ce domaine. Il est une sorte de « pape » du jazz. À la fois impliqué dans la création de nouvelles œuvres, l'enseignement du jazz, directeur artistique du Lincoln Jazz Center, il occupe le leadership du jazz dans le monde.

Je l'avais rencontré quinze ans plus tôt au Festival de jazz de Montréal, où j'étais invité par la chanteuse mexicano-américaine Lhasa de Sela à l'accompagner dans un petit club. Wynton Marsalis jouait alors dans un immense auditorium, où j'attendais avec son public impatient. Au bout de plusieurs minutes de retard, l'un des organisateurs nous a informés que le musicien ne pouvait monter sur scène pour des raisons de santé. Dépité, je suis rentré à l'hôtel. Par un curieux hasard de la vie, un de ceux qui nous surprennent au moment où l'on s'y attend le moins, dans l'ascenseur, j'ai levé les yeux, et me suis rendu compte que j'étais nez à nez avec celui que tout le monde attendait. Wynton se trouvait là, devant moi, avec moi, seul dans ce petit ascenseur. J'avais ma trompette sur le dos, et j'ai pris mon courage à deux mains. Après m'être renseigné sur son état de santé, je lui ai demandé s'il acceptait que je lui montre la spécificité de ma trompette. À ma grande surprise, il m'a invité à redescendre dans le hall de l'hôtel, à sortir ma trompette et à jouer quelque chose, dans ce même hall, devant tout le monde. Je me suis exécuté. J'ai fermé les yeux et me suis lancé dans une improvisation, un mélange de jazz et de musique arabe. Après que je lui ai expliqué le principe de cette trompette microtonale inventée par mon père dans les années 1960, il m'a félicité, m'a fait quelques compliments puis a disparu.

Quinze ans plus tard, je l'ai donc retrouvé à Marciac. Je savais qu'il était venu m'écouter quelques mois plus tôt au Dizzy's, le club du Lincoln Jazz Center à New York où j'avais joué *Kalthoum*, mon hommage à la chanteuse égyptienne. Je savais que le projet lui avait plu, parce qu'il avait validé la programmation du club. Mais j'ignorais qu'il appréciait mon travail au point d'accepter de partager la scène avec moi dans ce festival mythique, dont il a été longtemps directeur artistique.

Mon défi, au-delà de me retrouver sur scène en duo avec lui, était de lui montrer que le jazz traditionnel et l'héritage afro-américain n'étaient pas incompatibles avec ce que je propose musicalement, c'est-à-dire un mélange de jazz, de pop, de classique, de rock, d'électro, de rap, de musiques traditionnelles, etc. Dans les coulisses, environ deux heures avant de monter sur scène, nous avons eu une discussion très courtoise, très intéressante, sur ce qu'on peut considérer comme étant du jazz, et ce qui ne l'est pas. Débat on ne peut plus fréquent, comme je l'expliquais plus haut en racontant mes mésaventures aux Victoires du jazz de 2013. Notre époque a, hélas, toujours un besoin inévitable de classer les personnes, les genres, les types, les races, les fonctions, de mettre des étiquettes, comme dans les bacs de disquaires, autrefois… Que fait-on de celui qui n'entre dans aucune case ? Soit on le « maquille » pour qu'il ait l'air « assimilé » et entre dans une case, soit on refuse de lui octroyer une place. On a rarement le réflexe de créer une case spécifique pour lui, et encore moins de l'accepter tel qu'il est. Mais peu importe. Nous avons discuté longtemps avec Wynton. Cette conversation faisait suite d'ailleurs à un magnifique moment où je lui ai appris à jouer de ma trompette à quarts de ton.

La conversation fut suffisamment longue pour que j'aie le sentiment désagréable d'être devenu légèrement fatigant. À force d'insister, je n'avais plus d'arguments. Je ne savais plus comment lui expliquer mon point de vue, car il me disait que, si j'avais raison sur le fond, j'étais selon lui trop idéaliste sur la forme. Il y aurait, d'après lui, un véritable risque à nommer « jazz » tout ce qui n'est pas du jazz traditionnel. Ce serait déposséder le jazz de sa culture et de son histoire. Autrement dit, n'appelons pas « jazz » ce que je compose et joue, car cela contribuerait à empêcher le « vrai » jazz historique d'exister à part entière et d'être reconnu comme tel. Si j'en crois son analyse, je ferais donc partie de ceux qui « volent » en quelque sorte au jazz son histoire, en faisant croire que ce que je fais est du jazz. Pour Wynton Marsalis, ce serait un mensonge, puisque ma musique n'est pas un héritage de La Nouvelle-Orléans. Pour lui, on devrait simplement dire : « *Great is what it is* » – « C'est super et c'est tout. »

Je lui ai alors répondu ceci : « Wynton, c'est comme si j'étais à la porte de votre maison, que je frappais et vous demandais si vous acceptiez de m'adopter dans votre famille. Si vous acceptiez que j'en fasse partie parce que je vous aime, parce que vous m'inspirez et parce que je n'ai nulle part d'autre où aller. Vous faites quoi ? Vous me dites : "Tu es super, c'est tout ! Pas de ma famille, mais super !" Et vous me claquez la porte au nez parce que je ne suis pas originaire de votre famille ? » Sa réponse fut cinglante : « Je ne t'apprends pas ce qu'est la musique arabe, alors ne m'apprends pas ce qu'est le jazz. »

Cette phrase a mis fin à notre conversation de façon abrupte. Je n'avais plus rien à dire. J'ai souri bêtement. J'ai même acquiescé pour éviter le conflit juste avant de monter sur scène. J'étais déçu et blessé. Pour moi, sa réponse voulait dire : « Oui, je te laisse dehors. » Cependant, cela ne nous a pas empêchés de faire un concert formidable. J'ai voulu faire retomber la tension et j'ai souhaité lui faire un cadeau symbolique qui répondrait à sa dernière phrase de façon constructive. Sur scène, je lui ai offert une trompette à quarts de ton. La même que la mienne. Ce n'était pas prévu. J'ai improvisé ce moment quelques minutes avant le concert. C'était ma réponse définitive. Sans être dépossédée de sa culture classique et jazz, cette trompette offre avec le piston supplémentaire la possibilité de jouer toutes les gammes de la musique arabe, sans empêcher quiconque de jouer Haydn, Bach, Delerue ou Duke Ellington… C'était un peu finalement comme si, une fois qu'il avait claqué la porte devant mon visage, je lui avais déposé devant sa porte un bon plat issu de ma culture d'origine, fait avec amour. S'il goûte à ce plat et l'apprécie, il se dira : « Hey ! C'est pas mal du tout, en fait ! Je veux en manger plus souvent. » Un jour, ses enfants, habitués à ce plat, le cuisineront peut-être à leur tour sans même s'interroger sur sa provenance. Simplement parce qu'ils le trouvent bon, et c'est tout. « *Great is what it is.* » Sur ce point-là, nous sommes d'accord.

En rentrant dans ma chambre d'hôtel ce soir-là, j'ai repensé à ce livre de mon oncle Amin Maalouf, *Les Identités meurtrières*, qui fut longtemps mon livre de chevet. Il analyse ce réflexe des êtres humains, hélas trop fréquent, à se replier sur ce qu'ils croient être leur « identité de référence » quand ils croient cette identité menacée. Alors même que ce qu'ils estiment être leur « identité de référence » ne représente qu'une infime partie de ce qu'ils sont. Dans cet essai, Amin Maalouf explique magnifiquement bien comment nous sommes des accumulations de couches. Les couches n'effacent pas les précédentes, mais s'additionnent. Je ne suis donc pas 50 % français et 50 % libanais. Mais 100 % français et 100 % libanais. Je ne suis pas 33 % musicien classique, 33 % musicien arabe et 33 % musicien de jazz ! Je joue toutes les musiques qui me plaisent, sans me poser de questions, et peu importe d'où je viens, où je vais.

L'improvisation collective nous apprend en effet à faire feu de tout bois, à nous enrichir de tout ce qui nous entoure et nous constitue. Son existence réside donc dans ces croisements, mélanges, juxtapositions d'idées, d'identités, d'influences. C'est un bouillon de culture. Les plus grands artistes au monde, qu'ils soient musiciens, peintres, architectes, écrivains, cinéastes ou comédiens, se nourrissent des autres cultures, des autres arts, des autres esthétiques, des époques qui les ont précédés bien sûr, mais aussi des courants qui ne viennent pas forcément de leur pays d'origine. On comprend combien le métissage est intrinsèque au processus d'improvisation.

Une de mes plus belles expériences de rencontre improbable a eu lieu en 2018. J'avais eu la chance de rencontrer le mythique producteur américain Quincy

Jones au Montreux Jazz Festival en juillet 2017. Il avait assisté à mon concert, nous avions discuté à l'issue du spectacle. Il avait manifesté sa volonté de m'aider à développer mon travail. Quelques mois plus tard, alors que j'étais à Los Angeles pour collaborer avec sa boîte de production, il a fêté ses 85 ans dans un club et j'y étais convié. Par hasard, j'y ai retrouvé un musicien avec qui j'avais travaillé sur l'album de Grand Corps Malade, *Funambule*, que j'avais produit en 2013. Véritable virtuose de l'harmonica, Frédéric Yonnet avait été missionné ce soir-là par la production pour organiser la jam de la soirée. Une *jam session*, en anglais, est une séance improvisée. En français, on la traduit par « un bœuf » en hommage au cabaret parisien Le Bœuf sur le toit qui réunissait au début du XXe siècle de nombreux chanteurs et musiciens qui pratiquaient de longues *jam sessions*. D'après le dictionnaire, le terme *jam* renvoie à l'action de « resserrer, tasser, encombrer », et peut-être à la préparation de la « confiture ». C'est une séance de musique collective au cours de laquelle des musiciens de jazz improvisent librement sur des thèmes donnés. Souvent, les jams reprennent de grands classiques, et les jouent de façon désorganisée.

J'avais apporté ma trompette sans grande conviction. L'improvisation ne tient généralement pas tant sur le jeu que sur l'ordre de passage des musiciens sur scène. N'étant pas très familier des *jam sessions*, j'étais persuadé que ma trompette resterait dans sa boîte. Au bout de quelques minutes, j'ai vu monter sur scène un groupe improbable. La légende du jazz Herbie Hancock improvisait avec le chanteur Usher sur le groove d'un batteur extraordinaire ! Les ont rejoints la star du saxophone, Kamasi Washington, fidèle collaborateur de Kendrick Lamar, et le trompettiste Christian Scott. Puis, Frédéric Yonnet m'a fait signe de monter jouer avec eux.

Parmi les artistes présents, certains rejoignaient la scène pour jouer, d'autres écoutaient et faisaient la fête. Sans aucune pression, peut-être parce que nous savions qu'il était interdit de filmer dans ce club. Quincy était assis dans un fauteuil et discutait avec son ami Stevie Wonder. L'ambiance était très décontractée. Quelques secondes plus tard, je me suis retrouvé sur scène à répondre à Usher avec mon instrument. Notre jam ressemblait à un gigantesque bazar musical. Parfois cela avait du sens, parfois non. Mais nous étions là, à créer, à chercher, à essayer sans douter, car nous le faisions pour nous amuser. Nous étions libres. C'est ce soir-là que j'ai réalisé à quel point le rap et le jazz sont liés par une filiation évidente. Tous mes rêves de jeunesse, tout ce que je crois et dont j'avais l'intuition depuis longtemps, semblaient soudain réunis et me prouvaient que cela pouvait exister : l'improvisation, le métissage des cultures, la liberté totale…

La plupart des plus grands musiciens classiques auraient pu devenir d'excellents improvisateurs, mais ils ont préféré œuvrer pour maintenir en vie le grand répertoire ou la création contemporaine. En vérité, ils n'avaient pas tellement le choix. Aucune autre offre ne leur était proposée. Depuis leurs premiers apprentissages jusqu'à leur diplôme ou leur prix d'interprétation en concours, à aucun moment il ne leur a été demandé autre chose que de jouer ce qui est indiqué sur la partition. Aujourd'hui, il est presque trop tard pour parler d'improvisation à ces musiciens, même aux plus talentueux d'entre eux. Ils ont été, hélas, formatés pour figer une culture au lieu de l'enrichir, de la renouveler, de l'agrandir, de la métisser.

À l'inverse, certains musiciens sont des contre-exemples extraordinaires. Je pense au violoniste Gilles Apap, par exemple. Virtuose absolu de musique classique, devenu trublion dans son milieu, car ses concerts étaient de gigantesques improvisations recomposant de fond en comble les œuvres classiques, leur donnant une forme encore jamais vue ni entendue. Son interprétation du *Concerto n° 3* de Mozart avait à la fois fasciné, surpris et effrayé le milieu de la musique classique qui ne savait plus où classer ce musicien. Yehudi Menuhin disait de lui qu'il était « le violoniste du XXIe siècle ». Pourtant, le grand public ne connaît pas son nom. Le 6 décembre 1998, après un concert à Nice, le journal local *Nice-Matin* a écrit ceci :

« Vendredi, Gilles Apap est apparu tel qu'en lui-même, chemise ouverte devant l'Orchestre philharmonique en nœuds papillons. Sur scène, il ne resta pas figé en point fixe comme le font d'habitude les solistes ; il se tournait, allait vers les musiciens de l'orchestre, donnant l'impression de s'adresser à eux comme cela se fait convivialement dans le jazz ou les variétés. Il était à l'aise. Il était à la fête. Entre les morceaux, il faisait des réflexions au public. Dans la cadence du *Concerto en ré* de Mozart, il se lança dans une improvisation d'inspiration folk et hindoue, se mettant à siffler tout en jouant du violon ! Des quolibets jaillirent alors de la salle : "Dehors, le clown !" lança une voix, tandis que des bravos encourageaient le violoniste à continuer. "Et comme ça, ça vous plaît ?" répliquait Apap avant de repartir dans une autre improvisation. »

S'inspirant de musiques folk du monde entier, de pop, de jazz, cet anticonformiste, n'appartenant à aucune école de violon spécifique, a été conduit par sa sensibilité hors du commun à voyager énormément et à développer un goût pour la création et l'improvisation. Hélas, ce génie est considéré par le monde de la musique classique en France comme un esprit rebelle à regarder avec distance, et non comme un modèle de créativité à suivre. Si nous acceptions, à la façon de Gilles Apap, d'ouvrir la musique classique aux autres musiques, aux autres cultures, aux autres arts, avec exigence et brio, ce dont nos musiciens sont parfaitement capables, il est évident que cela enrichirait notre discours, notre interprétation, notre travail de création, et l'improvisation retrouverait sa légitimité.

Je me souviens d'une tournée au cours de laquelle j'avais remarqué qu'un des musiciens du groupe, dont la spécialité est le jazz, passait son temps à écouter du rap durant nos voyages. Ce musicien était catégorisé jazz, et pourtant il n'écoutait que du rap et du hip-hop. Cette contradiction était suffisamment tangible pour qu'un jour je me permette de lui poser la question. Pourquoi ne faisait-il pas plus de rap ? Pourquoi n'essayait-il pas de jouer ce style de musique qui était visiblement sa passion ? Et sa réponse fut assez représentative de l'esprit général qui règne dans le milieu du jazz, très similaire à l'esprit de la musique classique : « Que penserait mon public si je me mettais à faire des albums de rap ? » Très clairement, il s'interdisait de faire du rap simplement pour répondre à un classement archaïque qui me rappelle les boîtes de disquaires et les rayonnages de bibliothèques où le rap ne se confond pas avec le jazz, où la littérature francophone ne se confond pas avec la littérature française. Pourquoi notre culture est-elle si cloisonnée, si vaniteuse, si mesquine qu'elle en arrive à nous persuader que certaines musiques ne se mélangeraient pas aux autres ?

Cet état d'esprit étriqué, qui consiste à considérer que l'artiste, une fois identifié, n'a plus d'autre marge de manœuvre que la boîte pour laquelle il a été désigné, est précisément ce qui m'a tenu éloigné temporairement de la musique classique. J'ai pris mes distances avec un monde dans lequel je ne me reconnaissais plus. Le manque d'humilité, d'ouverture d'esprit et une vision très conservatrice de ce qu'est l'art. Pourtant, plus jeune, j'ai été lauréat de nombreux concours internationaux d'interprétation, et j'avais envie de participer activement à la vie de cette musique via les festivals et concerts. Je désirais faire connaître cette musique que j'aime, la transmettre et la faire rayonner. Et malgré cette volonté, et le niveau que j'avais, je n'étais pratiquement jamais invité à jouer dans les grands festivals français de musique classique. Un jour, j'ai fini par m'en ouvrir au grand Maurice André. Il m'a répondu ceci : « Tu sais, fiston, ce n'est malheureusement pas demain la veille que les festivals de musique classique français vont accepter que ce soit un "Ibrahim" qui vienne leur expliquer comment on joue Haydn et Hummel à la trompette ! » Lui-même avait, à de nombreuses reprises, demandé à mon père, Nassim, de le remplacer en concert pour jouer Bach ou Vivaldi trente ans plus tôt…

Découragé et blessé par cette évidence, j'ai commencé à m'intéresser au jazz. À mon grand dam, je me suis heurté aux mêmes écueils. Heureusement, j'avais mûri, je m'étais un peu endurci. Ainsi, en 2007, lorsque j'ai fait le tour des grandes maisons de disques pour tenter de trouver un producteur pour mon tout premier album *Diasporas*, j'ai dû me rendre à l'évidence. Personne n'était disposé à prendre le risque de vendre une musique qui ne correspondait à aucune « case ». Ni vraiment jazz, pas tout à fait électro, *exit* les musiques du monde puisque je n'étais pas entouré de darboukas et n'étais pas habillé en tenue traditionnelle arabe avec le tarbouche sur la tête… Ironie du sort d'ailleurs, puisque c'est dans cette catégorie que, finalement, on me récompensa quelques années plus tard.

Bref, les labels m'ont gentiment renvoyé chez moi en m'expliquant que ma musique « ne ressemblait à rien ». Heureusement, j'avais un peu plus d'expérience et je n'entendais pas les choses de la même façon. Si elle « ne ressemble à rien », c'est qu'elle est potentiellement intéressante, parce qu'elle est nouvelle. Je connaissais la sincérité de ma proposition artistique. Là aussi, il a fallu improviser. J'ai donc pris mon courage à deux mains, et j'ai créé mon propre label. Je me suis improvisé chef d'entreprise, alors que j'étais simplement un musicien…

Lorsqu'on est un musicien et compositeur passionné d'enseignement, s'improviser chef d'entreprise est une idée folle. Il a fallu apprendre, lentement, faire des erreurs, chercher, prendre de mauvaises décisions, et apprendre encore et encore. Tel le bébé qui apprend à marcher, je suis tombé de nombreuses fois. Comment définir un chemin au sein d'un monde qui m'est totalement étranger ? Aucune maison de disques ne voulait de mon album, mais il m'était impossible de baisser les bras. Je ne pouvais pas abandonner. J'avais une passion à partager : la musique. Un héritage à honorer : celui de mon père, et la fierté de ma mère. Toutes ces années d'études en vain ? Hors de question.

C'est alors qu'une suite de rencontres improbables m'a amené à faire ce choix tout aussi improbable.

Nous étions en 2005. Je venais de gagner un concours de trompette. N'ayant pas eu le privilège d'être adoubé par les grands festivals de musique classique, je me retrouvais à faire une tournée de la CCAS (Caisse centrale d'activités sociales), sorte d'association de gestion des vacances des employés d'EDF. Pendant cette tournée, j'ai rencontré une jeune femme dynamique et pleine d'ambition qui souhaitait développer mon double travail de musicien classique et de musicien de jazz. Elle m'a présenté alors une femme exceptionnelle, Alejandra Norambuena-Skira, alors directrice du Fonds d'actions Sacem destiné à aider les jeunes artistes émergents. Elle était elle-même ancienne violoniste virtuose et passionnée de musique classique. Intriguée par mon travail, et sur les conseils de la première, elle a accepté de me rencontrer. Grande, les yeux magnifiques, métisse chilienne et européenne de l'Est, fille par ailleurs des grands éditeurs Skira, elle s'imposait d'emblée par son charisme : « Fais-moi écouter. »

Nous étions assis dans un restaurant, bruyant et plein de monde. Elle a pris les écouteurs que je lui tendais, les a tenus bien enfoncés dans ses oreilles, a posé ses coudes sur la table, fermé les yeux et écouté. Après quelques titres de ce qui deviendra mon premier album, elle a ouvert les yeux en ôtant délicatement les écouteurs et en se redressant. Elle avait les larmes aux yeux, elle a sorti un petit mouchoir de son sac à main. Elle m'a regardé avec intensité, puis m'a simplement posé deux questions : « Tu te vois comment plus tard ? C'est quoi ton plus grand rêve ? »

« Je veux pouvoir vivre de ma musique », lui ai-je timidement répondu.

J'avais 24 ans. Quelques jours plus tard, elle m'a présenté à Jean-Louis Perrier, qui est devenu mon manager. Fort de son expérience, il a su me convaincre que se voir refusé par toutes les maisons de disques pouvait vouloir dire qu'on avait là une chance unique de faire quelque chose d'incroyable. Dix-sept ans plus tard, et après avoir traversé bien des difficultés, je me retrouve avec une petite entreprise de cinq à dix employés à plein temps, en fonction des époques. Depuis, je produis tous mes disques, mes musiques de films ainsi que mes tournées. Non pas parce que je le veux absolument, mais parce que je n'ai pas eu le choix. Mon désir de créer était plus fort que tous les refus auxquels j'ai dû faire face.

L'improvisation est un moteur extraordinaire qui nous aide à construire ce qu'on n'a jamais appris, et pour construire de ses propres mains tout ce qu'on ne nous offre pas.

4

Un projet de société

La grande leçon sur laquelle j'aimerais achever ma réflexion est celle du groupe, du collectif, de la classe, de l'orchestre, de la famille, de l'entreprise, et plus largement de la société. S'il y a une chose que l'improvisation nous enseigne, c'est la nécessité d'exister et de se réaliser à travers le groupe. Dans un pays en guerre comme le Liban, la vie nous apprend qu'on ne s'en sort jamais seul. L'entraide, l'association des forces, les réflexions communes sont indispensables pour survivre. Agir ensemble est essentiel pour exister, pour supporter, accepter et renaître. Les Libanais le savent mais ont beaucoup de mal à le concrétiser. Individuellement, les gens ont su s'adapter, mais à l'échelle du pays cela se révèle bien plus difficile.

Un pays, ça ne s'improvise pas. Le Liban a une histoire plusieurs fois millénaire, mais c'est une nation extrêmement jeune. C'est un géant dressé sur de tout petits pieds. Il ne tient pas sur ses fondations et ne cesse de tomber. Mais l'espoir demeure : dans quelques années, des choix innovants, indépendants des choix politiques que ses dirigeants peuvent parfois faire au nom des intérêts régionaux, sortiront, j'en suis sûr, ce pays du marasme. Improviser, c'est aussi entretenir une forme de foi et de confiance en l'avenir, en ce qui va arriver de positif, de constructif, de créatif. On ne peut se revendiquer improvisateur et avoir une vision pessimiste de l'avenir, car l'improvisateur doit partir du principe que ce qui arrive sera forcément plus innovant, plus créatif, plus extraordinaire que tout ce qui a pu précéder, quand bien même cela doit passer par l'erreur, la cacophonie et le chaos.

À l'heure où j'écris ces lignes, le monde fait face à une urgence écologique sans précédent, le Liban traverse une nouvelle crise économique, financière et politique qui plonge encore une fois le pays dans la noirceur la plus totale. La France connaît une crise de confiance des électeurs envers le gouvernement, les médias et les institutions. Il serait illusoire de croire un instant que la musique ou la pratique de l'improvisation vont résoudre tous ces problèmes. Mon propos n'est pas là. Simplement, il me semble très utile et bénéfique de profiter des temps de paix – relative certes – pour apprendre à improviser et investir autant que possible dans tous les domaines de la recherche, afin d'anticiper les périodes de crises. La recherche est un processus lent, de maturation, d'erreur, de rectification, d'ajustement, de tâtonnement. Si nous apprenons à improviser dès notre jeunesse, nous serons par la suite bien plus aptes à trouver des solutions en cas d'urgence. Nous réagirons de manière plus mesurée, plus souple, moins émotive et moins désordonnée. Nous accepterons plus rapidement le changement de cap. C'est pourquoi je crois que l'improvisation est un projet pédagogique indispensable, mais aussi un projet de société nécessaire et, par extension, un projet de paix durable et réaliste. En latin, *societas* signifie union, association.

Il est évident qu'il y a une force du groupe. Dans une société, une classe, un orchestre, une équipe de sport, une entreprise, dans l'art musical, le collectif dans le domaine de la créativité nous rend tout simplement plus justes, plus honnêtes, plus solidaires et donc plus fraternels dans l'ensemble. Ces notions se perdent de plus en plus, au profit d'un système beaucoup plus individualiste.

Dans un orchestre, un chef est toujours invité en accord avec le syndicat des musiciens de l'orchestre. À l'école, le délégué de classe est élu par les élèves. Bref, ces systèmes de groupes fonctionnent, et nous les apprécions. Accepter de s'inscrire dans le groupe de façon durable, sans faire preuve d'autorité ni d'effacement, avec humilité, tout en sachant ce qu'on peut apporter aux autres, nous sommes capables de le faire dans certains domaines. Nous savons que cela fonctionne.

Le but de la musique – au-delà de l'intention de celui qui la crée – est, je crois, d'être partagée. Aussi, quand des musiciens œuvrent dans le sens d'une création commune, qu'ils travaillent dans cet esprit de partage pour donner le meilleur d'eux-mêmes, ils dépassent le simple plaisir individuel et découvrent ce que signifie se réaliser à travers l'émancipation d'un groupe. L'émotion d'un groupe. En outre, la créativité est stimulée par le nombre : l'envie de partager dépasse toutes les autres nécessités artistiques. On devient plus apte à faire des compromis, car on est conscient de la portée bienveillante et fédératrice de la création. Il est donc essentiel que chacun, dans un concert d'improvisation, trouve le juste milieu pour parvenir au dialogue. Le juste milieu est cet état d'équilibre qui existe si, et seulement si, tout le monde se sent libre d'exister au service d'un art commun. La liberté de chacun trouve bien sûr ses limites dans celle d'autrui. Ainsi, nous ajustons en permanence notre son, nos personnalités, nos timbres, notre culture pour ne rien imposer à l'autre, ni se faire dicter ce qu'on doit jouer. Le dialogue s'impose par le contexte. Nous avons besoin l'un de l'autre pour qu'une expression commune existe et que l'expression individuelle ait un sens par extension.

J'en reviens à cette responsabilité dont nous sommes les garants aux yeux des générations futures. Vis-à-vis de mes enfants, de mes élèves et d'un public fidèle, il est essentiel pour moi de transmettre. Ma vie a du sens dans la création, mais aussi, et de plus en plus, dans la transmission. Quand je joue et que j'improvise, je ne le fais plus seulement pour moi. Mon objectif n'est plus uniquement de m'exprimer artistiquement, j'ai petit à petit pris conscience que, si on ne se charge pas de transmettre ce qu'on juge important par soi-même, d'autres s'en chargeront, ce qui n'est pas toujours souhaitable, car au lieu d'ouvrir des portes aux nouveaux créateurs, certains se permettent de les refermer pour ne pas chambouler leur confort.

C'est pour toutes ces raisons que je milite activement afin d'intégrer l'improvisation durablement et un peu partout dans toute forme de pédagogie, en particulier dans le cadre de l'enseignement musical et artistique. C'est pour moi un projet de société essentiel, indispensable, inévitable, car il est indissociable de toute forme d'apprentissage traditionnel.

Schématisons cette réflexion en une sorte d'ennéagramme. L'IMPLICATION serait le point de départ du processus. Un élève qui se sent concerné va s'intéresser au sujet en question. Une fois impliqué, il s'imprégnera tout naturellement de la culture, du langage, des règles, des codes, des gammes, des idées. Sans même s'en rendre compte et toujours avec plaisir. Il est scientifiquement prouvé que l'activité intellectuelle, la réflexion, le travail de la mémoire et les interactions sociales activent nos neurotransmetteurs liés à la sensation du plaisir, du bien-être. De cette phase d'IMPRÉGNATION va naître une envie d'IMPROVISATION. On teste de nouveaux chemins. On s'amuse à déconstruire, à décomposer, on fait des erreurs en toute confiance. On défriche, tâtonne, cherche. En improvisant, on crée. On commence par imiter tout ce qu'on a appris, puis on va plus loin. Et lorsque cette recherche engendre à son tour des idées qui nous plaisent, on les répète, on les inscrit, on les enregistre. On entre alors dans une phase d'IMPRESSION. De nouveaux codes s'écrivent, de nouvelles limites surgissent. Nous conservons cette impression comme un souvenir. Ce souvenir s'imprime dans nos mémoires, puis dans nos livres et nos méthodes. Ce souvenir devient l'histoire et le code qu'on enseigne. Cette transmission passe par l'IMPLÉMENTATION.

En informatique, c'est la mise en place d'un système d'exploitation ou logiciel adapté aux besoins et à la configuration de l'ordinateur. Dans le cas de la pédagogie et de la création artistique qui nous intéressent, c'est la mise en place de nouveaux codes, ou systèmes d'enseignements, créés par l'improvisateur.

Grâce à ce schéma, on comprend combien l'improvisation constitue un maillon indissociable du reste. Elle stimule la création, la possibilité d'inventer des variantes, des bifurcations. Enfin, elle nous prépare au changement. Or il n'y a rien de plus certain que le changement dans nos vies. C'est d'ailleurs un autre dénominateur commun. Nous serons toujours en train de chercher, de nous tromper. Et tant mieux ! Nous avons vu que l'improvisation était à la fois une réaction et une action. C'est aussi un moteur, et sans doute notre espoir d'un monde meilleur.

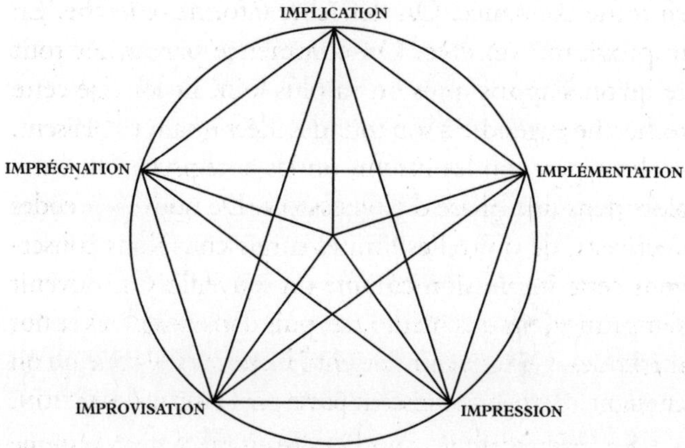

Il est intéressant d'observer que cet ennéagramme résume le cycle de l'apprentissage mais aussi celui de notre vie. En vieillissant, nous nous rapprochons de la mémoire de notre enfance, de notre état originel. Souvent, les personnes très âgées ont des problèmes de mémoire immédiate, mais se souviennent avec précision d'épisodes très lointains. Allons encore plus loin : les personnes ayant expérimenté la mort imminente disent avoir aperçu une lumière au bout d'un tunnel. Serait-ce la réminiscence de la toute première lumière aperçue en sortant de l'utérus de la mère à la naissance ?

Le moment de notre mort et celui où l'on vient au monde sont les deux plus grands moments d'improvisation de nos existences. Même si la médecine permet d'estimer leur survenue, personne ne sait prédire avec précision le jour et l'heure de notre vie et de notre mort. Ce sont là les deux extrémités de notre vie qui se rejoignent. Deux grandes inconnues inséparables. Ces moments les plus importants de notre existence sont finalement deux improvisations absolument insaisissables, angoissantes, indissociables et complètement imprévisibles. Peut-on trouver meilleur argument pour nous dire qu'il est temps de mieux nous préparer à improviser ? Montaigne disait que « philosopher, c'est apprendre à mourir ». On peut le paraphraser : improviser, c'est apprendre à vivre.

Conclusion

Le monde dans lequel nous vivons est déshumanisé. Nous passons notre temps sur des outils de communication sans véritablement communiquer. Nous pourrions utiliser toutes nos belles énergies pour chercher des solutions concrètes et apaiser nos émotions plutôt que d'alimenter nos angoisses et nos anxiétés. Pourquoi ne pas apporter de nouvelles idées ? Pourquoi ne pas unir nos forces pour élaborer une société plus bienveillante avec la recherche, les erreurs, les doutes ?

Je rêve d'un monde plus éveillé, curieux, créatif, plus artistique et sensible. Plus fragile dans la forme, mais beaucoup plus stable dans le fond. Acceptons nos vulnérabilités.

Il reste des milliards de codes à inventer, de sillons à creuser, de mots à former. Il reste des musiques, des œuvres d'art à créer ! Faisons en sorte qu'elles soient le plus distinctes possible de tout ce que nous connaissons déjà. Prenons le risque de nous découvrir de nouvelles identités, de nouvelles définitions.

Je me suis rendu compte, avec le temps, que c'est dans les moments les plus difficiles que nous acceptons de chercher. Comme acculés face à l'incompréhension ou au désarroi, on s'autorise l'erreur, comme porte de sortie ultime dans les cas extrêmes. Ce phénomène est très parlant lorsqu'il s'agit de musique.

En janvier 2015, la femme du dessinateur et caricaturiste Tignous, assassiné dans les locaux de *Charlie Hebdo*, m'a demandé si j'acceptais de prolonger la musique lors de ses funérailles. En effet, le dernier concert auquel il avait assisté était le mien. J'ai accepté, bien sûr. J'ai pris ma trompette avec moi. Je n'avais aucune idée de ce que je devais jouer dans de telles circonstances. J'étais bouleversé par le drame, mais aussi par cette demande. Quelle note pouvait être assez juste pour accompagner un moment aussi dramatique ? Quelle harmonie pourrait contribuer à apaiser la douleur de cette femme et de cette famille ? Quelle mélodie alors que le monde entier vient d'assister à la cacophonie la plus horrible des hommes ?

Lorsque j'ai entendu mon nom et que je me suis approché du cercueil de Tignous, la trompette à la main, j'ai hésité entre une mélodie universelle, française, ou l'hymne national, *La Marseillaise*. Finalement, j'ai fermé les yeux. J'ai laissé les notes sortir toutes seules. À la fois acteur et spectateur de la scène. J'avais l'impression que mon corps fonctionnait tout seul. Que j'étais moi-même assis dans l'assistance, recueilli, amer et triste. Lorsque j'ai terminé, j'ai posé ma main sur le cercueil, comme pour lui souhaiter bon voyage… Et je suis reparti.

Je n'ai aucun souvenir de ce que j'ai joué. C'est sorti du cœur. Sans artifice ni préparation. Simplement ma sincérité. Des notes assemblées pour la première fois. Une mélodie qui m'a semblé juste, unique. Je serais incapable de la reproduire. Je l'ai improvisée parce qu'il n'y avait rien d'autre à faire, selon moi. C'était ma contribution au drame national et au deuil de cette famille.

Dans cette situation de détresse émotionnelle, chaque note compte. Chaque soupir, chaque hésitation, chaque doute, chaque expiration et chaque maladresse a sa raison d'être. Ces expressions spontanées et naturelles sont la preuve que nous sommes humains. Et cette preuve d'humanité nous soigne, nous réconcilie avec nous-même et avec les autres.

L'improvisation est un remède fantastique, une clé ouvrant les portes de l'inconnu. Une page blanche où tout peut encore s'écrire, même les rêves les plus fous, même les espoirs les plus insensés. Une main tendue vers l'autre. Une chance de créer de nouvelles œuvres artistiques audacieuses et universelles. Plus spécifiquement, dans le monde de la musique, c'est une occasion unique de faire renaître une culture classique devenue langue morte avec les siècles.

Lorsque j'ai pris mes distances avec le monde de la musique classique en 2004, je m'étais promis d'y revenir un jour. J'ai d'abord fait des détours vers le jazz et j'espère avoir contribué à ma façon populariser cette musique. Surtout, en 2022, est né le Free Spirit Ensemble (Ensemble de l'esprit libre), le premier orchestre classique au monde spécialisé dans l'improvisation.

Cet orchestre a une mission et une responsabilité gigantesques : prouver que des musiciens classiques sont capables d'improviser, d'improviser ensemble et d'improviser ensemble de belles œuvres, ce qui n'a simplement jamais existé dans l'histoire de la musique classique. Il entend aussi démontrer que la musique classique peut redevenir un art populaire, même complexe. C'est pour moi l'occasion de revenir à la musique classique et, surtout, de montrer que ce défi est possible et qu'il a du sens. Le Free Spirit Ensemble est un collectif constitué de musiciens utopistes et magiciens. C'est le début d'une très grande aventure musicale et humaine. Cet orchestre a pour but de donner aux plus jeunes l'envie de poursuivre ce chemin.

Notre tentative est une première pierre. D'autres seront posées. Cette initiative pourrait aussi inspirer les écoles, les entreprises et la société, pour qu'un jour nous soyons capables d'intégrer l'idée que, en apprenant à nos enfants à créer, ils aimeront apprendre. Que c'est en improvisant, en créant librement et sans relâche, qu'ils seront capables de proposer à leurs enfants un monde meilleur. C'est ce que je souhaite au plus profond de moi.

Quand j'étais adolescent et que j'ai vu Beyrouth détruite pour la première fois par la guerre, j'ai eu envie de devenir architecte, afin de reconstruire la ville de mes ancêtres. Finalement, la vie m'a conduit sur le chemin de la musique. Dans les deux cas, il s'agit de construction, d'improvisation, de réparation, de consolation. Inventer de la musique, composer, improviser, c'est participer à la création de l'environnement dans lequel on vit quand on a les yeux fermés.

Lorsque je travaille, je commence toujours par des improvisations. Je n'ai alors aucune idée de l'objectif. Je ne sais pas encore si ces improvisations feront partie d'un album ou pas. En les réécoutant, en les prolongeant, en les corrigeant se développe mon envie d'en faire quelque chose. Je cherche, je doute, je reviens sur mes pas, je prends note de corrections à faire lors des prochaines séances de studio. Et ainsi de suite pendant des mois, voire des années. Alors qu'il reste des dizaines de modifications à effectuer, arrive un jour où j'écoute la musique et, soudain, je suis profondément et absolument convaincu qu'il n'y a plus rien à toucher. Un sentiment étonnant que je ne maîtrise absolument pas. Cela me surprend toujours.

À bien y réfléchir, je pense qu'il s'agit simplement d'un cheminement psychologique : l'acceptation des défauts, de l'imperfection, de l'humanité. C'est extrêmement libérateur. Il en va de même pour ce livre et cette philosophie de l'improvisation sur laquelle je travaille depuis plusieurs années. Le moment est venu, je crois, d'accepter que l'on ne peut pas tout dire, mais que chaque mot posé sur le papier est chargé de sincérité. La perfection commence au moment où j'accepte mes défauts. Cet ouvrage n'est pas un traité scientifique, mais une « petite philosophie » de l'improvisation. En grec, la philosophie, c'est « l'amour de la sagesse ». Improviser, selon moi, est une forme de sagesse, de savoir-vivre, que nous avons le devoir de cultiver et d'offrir aux générations de demain.

Ce livre est ma contribution.

Jeu des 7 points communs

Pour accompagner mes réflexions, j'ai demandé à mon ami et dessinateur de presse, Aurel, de créer deux dessins complètement différents, mais dans lesquels il y a 7 points communs, situés exactement aux mêmes endroits. À l'inverse du jeu des 7 différences où sur deux dessins similaires on doit repérer les différences, ici l'objectif est d'apprendre à reconnaître les similitudes, les dénominateurs communs. Ce jeu est un simple exemple de tout ce qu'on pourrait développer afin d'encourager cette idée de croisements et de partages. De l'enfance jusqu'à l'âge adulte. Amusez-vous à jouer et vous verrez que ce n'est pas aussi évident que cela en a l'air, mais tellement exaltant !

improvisation
ABCDEF
GHIJKL
MNOPQR
STUVWY
YZ
DANSE

© Aurel.

Remerciements

Merci à Jeanne Pham Tran pour avoir été la première à m'avoir encouragé à écrire cet ouvrage et pour m'avoir aidé à le structurer avec autant de bienveillance.

Merci à François Delporte pour sa fidélité, son amitié et son aide.

Merci à mes parents et mes sœurs.

Merci à Marie-Louise Girod, Alejandra Norambuena-Skira, Jean-Louis Perrier, Marc-Antoine Moreau, Thomas Duport, Vincent Ségal, Gérard Leclerc, Jean-Marie Raymond, Maurice André, Lhasa de Sela, Vincent Delerm, Erik Orsenna, Matthieu Chedid, Quincy Jones, Gilles Apap, Oxmo Puccino, Madame Blin, Archie Shepp, Éléonore et ces nombreuses personnes bienveillantes que je cite ou non dans ce livre et qui m'ont encouragé à faire ce que je voulais et à me sentir libre.

Merci à mes élèves pour leur confiance.

PAPIER CERTIFIÉ

Achevé d'imprimer en octobre 2023
par Liberduplex en Espagne
Pour le compte des Éditions Marabout (Hachette Livre)
58, rue Jean-Bleuzen, 92178 Vanves Cedex
Dépôt légal : novembre 2023
ISBN : 978-2-501-17290-5
7368375 - Ed. 01